知的生きかた文庫

ユダヤ　賢者の教え

前島　誠

三笠書房

はじめに
――ユダヤ最強の宝典『タルムード』の〝現実対応〟のすごさ

世に《常識》と呼ばれるものがある。

たとえば、人に迷惑をかけるな――これが常識としてまかり通っている。以前からわたしは、このことに疑問を抱いてきた。

人に迷惑をかけない人間など、現実に存在するものだろうか。迷惑をかけながら、自分では迷惑をかけていないと思いこんでいるだけではないのか、という疑問だ。

人とはふしぎなものである。他人からかけられた迷惑には、きわめて敏感に反応するくせに、自分のかける迷惑となると、いたって鈍感になる。つまり迷惑をかけた本人に、人に迷惑をかけたという意識がないのだ。

だから「迷惑をかけるな」といっても、実質的な意味はない。意識しないでやっていることを禁止したところで、ほとんど効果がないからだ。にもかかわらず、だれもが平気でそう言ってのける。

それが常識であるとすれば、常識そのものを問い直す必要がありそうだ。そのようなわけで、この本ではあえて《非常識》にこだわってみることにした。

人のことを英語でpersonという。これはラテン語のpersona（ペルソーナ）から来たことばだ。〝per〟は「通して、貫いて」の意味であり、〝sona〟は「鳴ること」を表わす。人間とは、自分を貫いて鳴り響くもの、何かに《共鳴する存在》であることをいみじくも示している。

生きるというのは、心から共鳴できるものと出会うこと、いつの頃からかわたしはそう考えていた。だがそれは、なかなかむずかしいということも、だんだんにわかってきた。

中世西洋哲学やキリスト教神学を、ほんの少しかじってはみたものの、心から共鳴するまでには至らなかった。何とか嚙み砕こうとしても、どこかに無理がつきまとうのを終始否定しきれない。無理なく自然に共鳴できるものはないのか、そう考えている矢先に出会ったのが、わたしの場合は〝ユダヤ〟であったのだ。

何に共鳴したのかを一口に言うことはむずかしい。

ユダヤの大地、人、歴史、宗教、思想など、素材としては多種多様で一概には言えない。強いてあげれば、彼らのもつリアリズム——現実受容のものすごさ——に共感を覚えたということだろう。

二千年に及ぶ流浪（ディアスポラ）の民としての暮らし、不当な差別と迫害の下で、ユダヤ人はどう生きればよいのかを体験的に学んだ。矛盾を矛盾として、ありのままに受けとめるという姿勢である。不動産所有の禁止や公的職種からの締め出しにもめげず、彼らは独自の発想から生み出す知恵によって、さまざまな危機を乗り越えてきた。

その結果として、多数のノーベル賞受賞者を世に送り、金融、産業、政治、新聞、音楽、映画など、多くの分野にわたって成功を収めているのはご存知の通りだ。この本で多くを語ることはむずかしいが、必要とする範囲で、章ごとにユダヤ流の発想を引き合いに出してみたいと思っている。

子どもの頃のわたしは、気の弱い臆病な性格であった。小学校の休み時間、級友が元気に跳ね回るのを鉄棒の陰からじっと見ているような少年だった。中学三年の春に家を離れて集団生活に入り、以来十二年間というものを集団の規律の中で過ごした。そこで体験した不自由さと、集団なるがゆえに生じる余分な軋轢《あつれき》に接し続けたことが、わたしのその後の発想の仕方に大きく影響を与えたものと思われる。

常識のやっかいな点は、考え方を固定してしまうところにある。常識から生まれる判断を、無条件に妥当な前提としてしまう意識の硬直化にある。それを解きほぐすにはどうすればいいのか。「反対命題」をぶつけることだ。こわばっている常識に、あえて対立する命題をぶっつけて、揺さぶってみるにかぎる。

ユダヤ流のものの見方の特徴を、わたしは「振り子発想」と名づけている。人間の営みを振り子としてとらえ、片方に固定せず常に逆の極へ振ってみるという認識方法だ。常識を考え直すにあたって、わたしもこの方法をとり入れることにした。これがもし読者のための、考えるヒントになればさいわいである。

ユダヤ教の心は〝今日一日をどう生きるか〟という点に尽きる。その中心にあるのが、ユダヤの律法『トーラー』だ。生活のすべては、これを土台に成立していると言っていい。後にキリスト教がこれを旧約聖書と名づけ、自らの教典の一部としたのは、ご存知のとおりだ。

だが時の経過とともに、ユダヤ人を取り巻く環境も変化していく。それに適切に対応するには、『トーラー』に示された内容だけでは不十分な事態も起こってくる。

そこでユダヤの賢者たちは、議論を重ねることによって、新たな切り口やさまざまな解釈を導き出した。各時代に即応する細則や日常行動の規範である。その教えは口頭で次世代に伝承された。これは、成文律法に対して、口伝律法と呼ばれている。

二世紀末、時のユダヤ教首席ラビ・ユダが、数百年にわたる口伝律法を一つにまとめて成文化した。これが『ミシュナ』――全六部（六十三篇）――である。

さらにその数世紀後、ミシュナを本文として、これに詳細な注解や議論を加えて集大成したものが、『タルムード』と呼ばれる教典となった。ちなみに筆者の所有するソンチーノ版（英対訳）で、三十巻の大冊となっている。

その内容を一口に説明することは難しい。

賢者たちの言行録《げんこう》から民話や伝承、史実や格言など多岐にわたっているためだ。ただ、ユダヤ人にとっては、今この場面で、自分がどう行動したらよいのか――それについて、さまざまなヒントを与えてくれる書と言っていい。
『タルムード』には、学者たちそれぞれに異なる意見が併記されている。結論を最初から一つだけに固定しないという姿勢だ。意見は多ければ多いほどよい。多ければ、その分だけ真理に近づく――ユダヤ人はそう考えた。ユダヤ流発想の原点は、そこにある。

前島　誠

●目次

1章　人と「同じこと」をするな！

2章

人を尊敬するな、「対等」であれ！

3章

「迷惑をかける」ことを恐れるな！

4章

「～らしく生きる」ことを拒否しろ！

5章

人のためより、自分のために動け！

6章

「わかったつもり」で手を出すな！

7章 恥を「屈辱」と思うな！

10章

こんな「常識」には従うな！

1章

人と「同じこと」をするな！

なぜユダヤ人は、「他人と違う自分の意見」を大事にするのか？

◇エルサレムの時計屋のこの〝論理〟をどう思う？

「なおる――と言ったのはウソなのか。なおせないのならなおせないと、あの時なぜはっきりとそう言わなかったんだ！」

二十歳ぐらいの若い店員を相手に、わたしはあたりかまわず怒鳴りちらしていた。

今から三十年以上も前のこと、場所はイスラエルの首都、エルサレム市の大通りに面した時計屋の店先。小ぎれいな店がまえと、〝SEIKO〟の看板（実際にはどこの店にもあるのだが）につられて、腕時計の修理を頼んだのが一週間前。約束の日になって、預けた品物をとりに行った時のことである。

そもそも腕時計をダメにしてしまったのは、この国の途方もない暑さが原因であった。

　聖なる都と呼ばれるエルサレム、数千年に及ぶ古い遺跡が至る所にゴロゴロしている。その日わたしは、城壁に囲まれた旧市街の台地から、南に斜面を下り、照りかえしで焼けつくようなキドロンの谷沿いを歩いていた。古代の地下水道を訪ねるためである。

　このあたりはダビデ王（前十世紀）の都のあった地域で、エルサレムの中ではもっとも古い部分。今なお発掘の最中で、立入禁止の縄が張りめぐらされている状態だから、満足な案内板などあるわけがない。やっとのことで、道ばたの石囲いのむこう側に、目的の遺跡を見つけることができた。

　その昔、城兵の飲料水を確保する必要から、城の外にあった泉の表面を石でふさぎ、地下水のトンネルにして城内に引き入れた。さらに敵兵の目をごまかすため、水道の出口を泉とは反対側の城壁の外にしつらえた。あたかもこれが、唯一の水源のように見せかけたのだ。これを指揮した王の名をとってヒゼキヤの水道と呼ばれ、今もなお豊かな水が流れている。二千七百年前の人々の労苦を思いながら、わたしは真っ暗な洞穴《ほらあな》の中に足を踏み入れた。

トンネルの内部は、人ひとりがやっと通り抜けられるほどの広さ、もちろん水の中を歩くほかはない。地下水流はヒンヤリとして心地よいものの、深さはところによっては膝《ひざ》の上まで水につかるほど。ゆらめくロウソクの灯を頼りに、闇の世界を行くこと三十分、ようやくにして地上へ出ることができた。

泉のほとりに腰を下ろし、水びたしのズボンと靴を乾かすことにした。毎日軽く三十八度を超す気温、加えてカラカラに乾燥しきった空気、どんなものでもたちどころに乾くのである。

ふと腕時計に目をやった。ガラスに水滴がたまって文字盤が見えない。よく見ると、針が完全に止まっている。しまった、と思ったが時すでに遅し。おそらくは、地上の暑さから冷たい地下道に下りたための、急激な温度差によるものであろう。自分のうかつさを嘆きながら、町へとってかえし、さきほどの時計店にとびこんだのが、後から思えば運のつきであった。

「ああ、簡単になおります。テル・アビブから電池をとりよせましょう。一週間後にとりにきてください」

ニコニコ顔の店員のことばにホッとしたわたしは、それまでの辛抱とあきらめて宿に戻った。

ところがである。約束の日、かの若きハンサムな店員は、わたしの時計をショーケースの上に置くなり、いとも当然という顔つきでこう言った。

「この時計はなおりませんね。これに合う電池はイスラエルでは入手できないのです」

「…………」

唖然《あぜん》としたわたしは、時計を手にとってみた。裏ぶたは傷だらけ、無理にこじ開けようとした跡が歴然と残っている。そこでついカッとなり、冒頭のせりふが口をついて出たというのが、これまでのいきさつである。

◇これがユダヤ流〝論争のすごさ〟の現実

遠く海を隔てた中東の町、今思えば部品がなくとも無理はないのだが、その時は表の〝ＳＥＩＫＯ〟の看板に妙にこだわってしまった。

「こんな看板、外したらどうなんだ！」

旅先で時計がないほど不便なものはない。それを思ういら立ちに加えて、相手の言いぐさや態度がわたしの気にさわった。世界中どこを見回しても、日本ほどあらゆるサービスが便利で正確、敏速でしかも行き届いている国はちょっと見当たらない。中東あたりとは比較にもならない。当方はそういう国からやってきた旅人である。習慣の違いとはいえ、店員にとっては厄介千万なお客であったことだろう。

「すみませんのひとことぐらい、言う気がないのか、君は——」

としつこく食い下がるわたしを、途方にくれたまなざしで見据えるばかりだった。

すると、店内にいた客の一人がわたしに向かって、

「それは、あんたの言うのがムリだよ」

と声をかけてきた。ムッとするわたしに口を開く間も与えず、別の男が横から割って入った。

「何言ってるんだ。この人の言うことのほうが、筋が通ってるじゃないか——」

さらに店の奥に座っていた三人目の男が、したり顔で口をはさんだ。

「いや、両方ともに間違っているね」

最初にわたしが文句をつけたことから、店の中は蜂《はち》の巣をつついたような騒ぎにな

った。

いったんそうなると、ユダヤ人というのは手がつけられない。相手に言うひまも与えず、自分の意見を主張してやまない。それを双方が争ってやろうとするので、自然と声は大きくなる。しまいには怒鳴り出す。怒鳴らないと自分の声が、相手の声にかき消されてしまうからだ。気がつくとわたしも、彼らに負けじと大声でわめいていた。

延々と論争すること数十分、われわれの中でいちばん年かさと思われる男が、おだやかな口調でこう言った。

「旅のお方、あなたの言い分はよくわかります。東京の町ならば、あなたのおっしゃることは正しい。しかし、この町はエルサレム、とてもお国のようなわけにはいきません。ここはひとつ、イスラエル方式でご勘弁願いたいのですが——」

言われてわたしもハッと我にかえった。郷に入りては郷に従えである。無用な意地を張った自分の愚かさに、ひとりでにおかしさがこみあげてきた。すぐさま、くだんの店員と握手、全員笑顔で一件落着ということになった。

◇主張の激しさと同時に、この〝幕切れのさわやかさ〟も大事

俗に「ユダヤ人が二人寄ると、三つの意見が生まれ、四つの政党ができる。しかも、そのいずれもが正しい」とさえ言われる。彼らの会話を聞いていると、「オレはお前とは意見が違うんだ」というせりふがポンポン出てくる。同じ意見なら言う必要がない、という姿勢も徹底している。また、今にもつかみかからんばかりに怒鳴り合う顔と顔が、話にけりがついたとたん、さっともとのなごやかな表情に戻る。もしかすると、これが遊牧民の伝統と言えるのかもしれない。

エルサレムの町では、毎金曜日の早朝に羊市が開かれる。旧市街を囲む城壁の北東の角の空地が、その会場となる。羊の群れをつれたベドウィン族の男たちが、その時刻になると、どこからともなく集まってくる。

三十年前ほどのある夏の朝、この場所でものすごいけんかに出くわしたことがあった。

売り手と買い手の言い争いである。仔羊の値段が一八〇シケル（当時一シケル約四

五円）か一九〇シケルかで、折り合いのつかないことが原因であった。見ていると、お互いの声がだんだんに高くなり、ついには二人とも腰に下げたアラビア風の短刀に手がかかるほどになった。そばにいたわたしは、ハラハラのしどおしだった。

だがそこは砂漠の民の伝統、よくしたものである。長老格の老人とその補佐役とおぼしき男が二人、調停に入って一八五シケルでめでたく手打ち、両者は白い歯を見せながら肩を抱き合って幕となった。あれほどの争いをした上でのこと、どこかにしこりが残りそうなものだというわたしの予想に反して、けんかの後は実にあっさりとしたものであった。

主張の激しさ、意見の独自さ、幕切れのさわやかさ、以上が彼らとの接触を通じて肌身に感じたことである。いずれの点も、中東の諸民族に共通する《砂漠性》ということに関係すると思うのだが、それについてはまた後で触れることにしよう。ここでは、他人と違う自分の意見を大事にする姿勢という点に問題を絞りたい。ユダヤ人がなぜこうした傾向をもつのか、そのもとにあるものは何か、順を追って考えていきたい。

流れに身を任せない生き方

◇生ぬるい〝現状維持〟を厳しく戒めるユダヤの律法

『トーラー』には、次のような句がある。

「あなたは国を出て、親族に別れ、父の家を離れ、わたしが示す地に行きなさい」

（創世記12章）

これはアブラハム（この人物を祖としてユダヤ民族が起こった）が、生地メソポタミヤに別れを告げ、約束の地カナンを目指して旅立つにあたって、啓示された内容だ。ヘブライ語の原典では、この部分は次のような語順となっている。

「出でよ、お前に向かって。お前の国から、おまえの親族から、お前の父の家から、わたしが示す地の方へ」

最初の訳ではピンとこないが、このヘブライ原文のほうは強調点がはっきりしている。つまり「出でよ」という動詞が文頭に置かれ、この点を強く印象づける文体になっている。

さらに原語の響きは、Lekh-Lekha（レッフ・レハー／出でよ、お前に向かって）という音をもつ。Lとkhの子音の繰り返しだ。これは読む者の注意を引くためになされた、著者の意図的な強調を示す表現なのだ。

そのうえヘブライ語には、母音に当たる文字がない。文章は子音だけで綴《つづ》られる。そのため自分で母音をふって読まなければならない。実際にこの句はLkh-Lkhと、同じ綴りの二重がさねで書かれており、視覚的にも効果のある表現となっている。

「出でよ」と意図的に指示するのはなぜだろうか。理由は簡単である。人間が現状から出たがらない存在だからだ。

人はだれしも、自分の寄り掛かれる場をもっている。また、もちたがる。そこにいるだけで、心が自然に安まるような場所、その属するグループやサークルに身を置いていさえすれば、ともかくもホッとしていられる。そういったものにしがみついてしまう。

多少のしこりやためらいがあったとしても、温もり欲しさにずるずるとその場に居座る。つまりは、出たがらない傾向にあるのだ。

人が社会に生活している以上、これも無理からぬことであろう。できれば楽をしたいのが、人間の偽らざる心境なのだ。現状に甘んじて流れに身を任せているかぎり、無用の波風に自分をさらすこともなく、安穏な日々を送っていける。好きこのんで周囲と摩擦を起こす必要など、どこにあるのか。会社勤めなどを経験した者なら、だれでも考えることだろう。

だが、はたしてそれは本心と言えるのだろうか。

本当は出たいのだ。出たがらないのではなく、出たいのに出られないのだ。なぜか。出るのが怖いのだ。出ることによってあびせられる非難やこうむる損失が恐ろしい。出た後の不確かな未来が、それにもまして恐ろしい。結局は一人になること、他人と違ってしまうことが怖いのである。

人が生きるということは、太郎は太郎であり、花子は花子であることなのだとわたしは考える。太郎が太郎になることをためらい、花子が花子になることを恐れるとしたら、これはもう自分の生を生きるとは言えない。

太郎が太郎になるためには、どこかで太郎が一人になることだ。それには《出る》という行動が、どうしても必要なのだ。

◇「自分から出て自分へ！」がユダヤ流発想の基本

大学で授業を教えていた頃、グループ行動一辺倒型とでも呼べる現象がよく見られた。

クラブを例にとると、入部する際に二人一緒、退部の際にも仲良く一緒という学生がけっこういるのである。一人が退部する理由はわからぬでもないのだが、あとの一人の理由はまったくわからない。よく聞いてみると、相棒がやめるからボクもやめると言うのである。

初めは特殊な例だろうと受けとめ、別に気にするわけでもなかった。ところが同じようなことが再三にわたって起こる。そこで、同僚の教師たちに確かめてみると、自分たちのところでもそうだと言う。念のため、ほかの大学にも当たってみたところ、似たような返事が返ってきた。

この種の現象は、以前にもあるにはあった。

しかしそれは、主として女子学生にあてはまるものであった。トイレや食堂、教授の研究室へ行くおりにも、必ずと言ってよいほど《付き添い》という現象が見られた。入退部の場合にも同様のことがよく起きた。

ところが最近この傾向が、男子の側に、より強く見られるようになったのだ。

もちろんこれは、全体に当てはまる話ではない。ごく一部の学生について言えるだけかもしれない。だがこうした現象の奥にあるものは、いったい何であろうか。

思うに要因は二つある。一つは、自分から出ていけないこと。自分をやさしく包みこんでいるものから、いまだに離れられないこと。そこから独立して一人になりきれない状態にあることである。

もう一つは、自分へ向かって出ていけないこと。（仮の）自分から出ることを知らないために、本来の自分を目指す姿勢をつかみ得ないこと。自分の殻があまりに固いため、太郎が太郎になりきれないことである。
ユダヤ人の生活規範である『トーラー』は、こう語る。お前は「出でよ」と。

読者も自分の置かれている状況に当てはめて、自分にとって《出る》とは何かを筆者とともに考えていただきたい。「レッフ・レハー」の意味するところは、自分から出て自分へということである。

このユダヤ流の発想は、現代に生きるわれわれにとっても、傾聴すべき点が多々ありそうに思えるのだ。

最後に頼れるのは自分だけだと思え！

◇〝なれあいの姿勢〟を排除せよ！　人間としての強さはここから生まれる！

「外へ出ていろ！」

父親の声に、幼い息子は黙って玄関を出ていく。自分で戸を閉めると、夜の闇の中におとなしく立っている。いつまでもそのままである。しばらくして、「もういい、入っておいで」と言われて家の中に戻り、そこで初めてワッと泣き出す。親は泣いている息子を抱きとめて、ほのかな甘さにひたる。これが子育てをはじめた頃のわたしの、何とも意味のない叱り方であった。

いかにも能のない方法である。家から出されることが罰であるなら、家に入れてもらうのはその逆だと思うに違いない。これでは子どもの独立心の成長を妨げるばかりか、依存心を助長することにもなりかねない。これはいかん、と気づいたので、この愚かな方法は一回でやめることにした。やめるだけではなく、今度は積極的に家を出ることを奨励《しょうれい》しはじめた。

「この家はお父さんとお母さんの家だ。お前の家ではない。お前はいずれこの家を出ていく人間なのだ。出ていきたくなったら、いつ出ていってもいいんだよ」

続いて生まれた二人の娘にも、わたしはそう教えこんだ。下の娘が幼稚園に入園する日の朝、妙に深刻な顔をしてわたしのところにやってきた。

「お父さん、幼稚園にあがっても、ウチにいていいの？」

これには正直言って参った。いささか薬が効きすぎたようだ。

「いいんだよ、トモ子がいたい間は追い出したりはしないよ」

そう返事をすると、娘は安心した様子で元気に家をとび出していった。《出る》姿勢といっても、適度にもたせるのはなかなかむずかしいことだと痛感したものだ。

出るとは自分から出ることである。自分がしがみついているもの、つまりは自分の殻から出ることなのだ。ここでもう一度、さきの引用を思い起こしていただきたい。

「国を出て、親族に別れ、父の家を離れ……」

自分の土地やそこに住む仲間、また親類や家族から離れることが、出ることの条件として語られている。たんに出るだけではなくて、これらのものから自分を切り離せと言っているのだ。その意味は何か。

仲間や親族を否定しろというのではない。土地や集団や家庭が悪いから離れよというのでもない。その善し悪しは問題ではない。問題は周囲の状況にあるのではなく、本人自身の内面にあるのだ。自分を周囲から分離できない幼児性、無条件に自分を受け入れてくれる仲間への癒着《ゆちやく》、そうしたなれあいの姿勢から、ともかくも自分を解放してみよ、というのだ。この切り離しができて、はじめて人は一人になれるのである。

アブラハムが人となる――アブラハム自身になる――ためには、父の家とその群れとを離れることが必要であった。つまり、一人になることが要求された。この一人になることが、《出る》ことの意味なのだ。

ここで誤解を避けるために、一つ留意していただきたいことがある。一人になることとは、一人にすることでもなく、一人にしてもらうことでもないということだ。

たいていの子どもは現在、専用の個室をもっている。住宅事情の許すかぎり、できれば子ども一人部屋をというのが、多くの家庭の願いであろう。実はこれについて、前々からわたしはいくつかの疑問を抱いている。

その一つは、一人になるということが、けっして物理的空間の問題ではないということだ。

いくら立派な鍵のかかる個室をもらってみたところで、本人が飛躍的に成長するものではない。急に勉強ができるようになるわけでもない。そういう話は聞いたことがない。おまけに苦労して与えた物理的空間の中で、一人にしてもらったはずの子どもが、本当の意味で一人になってはいない。気持ちのうえでは、なぜか家族（とくに母親）にベッタリとへばりつく。一人になることが、人間の心の重要な問題として、家族全員の間で正しく位置づけられていないからだろう。これでは「仏作って魂入れず」と言うほかはない。

「何でもいい、人と違ったことをやれ!」

◇ユダヤ式発想法が断ち切る〝小さな自分へのとらわれ〟

出るというのは、自分から出て、自分一人になる心の姿勢にあると述べた。しかし出る以上はどこへ向かって出ていくのか、そのことも当然、考慮に入れておく必要がある。ある人は考えるかもしれない。自分から出ていってしまったあとで、いったい何が自分の中に残るのか。自分の中身がからっぽになって、この先、何にすがったらいいのか不安でやりきれない、いったいどうすればよいのか、と。そう思うのも無理はない。

だが『トーラー』は語る、「お前に向かって」と。

意味はこうだ。

自分をつかまえている固い殻から自由になって、一人になった自分へ向かって行けというのだ。

自分の中のなれあいからの脱出と解放が、とりもなおさず人が本来目指している自己へ帰ることになる。鉄砲玉のように、行ったきりにはならない。自分から出ることは、自分に向かって歩むことになるのだ。脱却と回帰（レッフ・レハー）、すべて人間の営みを振り子運動としてとらえようとするのが、ユダヤ式発想の特徴なのである。話は変わるが、禅の奥義を解説したものに、『十牛の図』というのがある。求道者がたどる悟りへの段階を、十枚の屛風《びょうぶ》絵に表わしたものだ。

絵は男が牛を求めて山野へ出ていくところからはじまる。牛を見つけ、牛を捕え、鼻になわをつける。初め牛は暴れるのだが、男はなだめすかしてこれを馴らす。おとなしくなった牛の背にまたがり、男は笛を吹く。そのうち地べたで横になる。男が眠ってしまっても、牛は逃げない。やがて牛は消え、山野も消え、男自身も消える。あとにはただまるい円だけが残る。最後に男は、再びもといた自分の町に帰ってくる。こうした内容のものである。

牛はもちろん悟りを表わしたものだが、その牛が途中で消えてしまうところがいい。

この種の比喩《ひゆ》としては絶品であろう。

ここで面白いのは、男が町へ戻ってくることだ。物売りや近所の人たちと、仲良く会話しながら巷《ちまた》を行くところだ。自分から出ていったその場所へ、再び帰ってくる。それでなければ悟りは本物とは言えないということが、たくみに示されている。この考え方は、〝脱却すなわち回帰〟というユダヤ式振り子運動の発想とまさに相通じるものがある。

人は自分にとらわれているかぎり、自分を高めるか、自分を低めるかするだけだ。ある時はやたらに虚勢を張ってみせたかと思うと、別の時には極端なまでに自信を失って落ちこんだりする。すべては固い殻のなせる業である。

それゆえ、いったんは出なければならない。だが、その先がむずかしい。たんに出よう出ようとするだけでは、下手をするとますます自分の殻にとらわれる結果となるからだ。そのいい例が「個室」である。物理的に周囲から隔絶したところで、当の本人の中身には何らの変化も起こらない。起こらないばかりか、自分を閉ざして殻の中にもぐりこむだけとなる。何が欠けているのだろうか。

「自分に向かう」姿勢である。

人はどこかで孤独であらねばならない。孤独者のみが、真に他者との出会いを共有することができるからだ。

『十牛の図』が示唆するように、周囲と離れ得る者が、最終的に周囲と協調し得るのだ。自分に向かうということは、この孤独への道なのである。

ここで、孤独と孤絶とを区別しておかなければならない。孤絶は「個室」の状態である。自分から出ることも、自分へ向かうことも、一人になりきることもできない。そこにあるものは、たんに物理的な断絶、一人では何もできない自信のなさ、周囲の反応に対する恐れと依存心なのだ。孤独はこれとは逆に、一人で立つこと、ありのままの自分を肯定し、そこへ向かって確かな足どりを刻むことなのだ。この姿勢が開かれた自己への道となる。

◇「隗《かい》よりはじめよ」、そして自分で解決する道を探せ！

さて、自分に向かうと一口に言っても、いささか抽象的なこの課題を具体的な行動に取り入れていくのはむずかしい。仮にそうしたいと心底から思ったところで、なかなかできるものではない。人によっては、環境がそれを許さないという場合もあるだろう。とりあえずは、どこかに糸口をさがしてみることである。生活全体を相手に相撲をとっても見込みは薄いが、手がかりとしてほんの一部分からはじめることはだれにでもできる。

「何でもいいから、他人《ひと》と違ったことをやれ」

子どもにこう教えることからはじめたのが、わたしの場合である。子どもたちの外でやってくることが、周囲と違っていた場合は、何とかほめることにした。それによって仮に不都合が起こったとしても、自分で解決するように仕向けた。どうしても自分たちの手に余る部分だけは、親が引き受けることにした。

こうしておけば、いくらかでも一人になることが可能な人間に育つのではないかという意図の下にである。

周囲と違った人間――これを目指して子どもを育てることをお勧めしたい。それにはまず、自分が他人と違っていることが肝要だ。親自身が独自のあり方を目指すことだ。

まわりを見渡すと、似通ったパターンにはまりこんだ現象が多すぎる。マスメディアの発達した今日、これはもうどうにも避けられないことなのかもしれない。だが世の中がそうであればあるほど、他人と違った行動の意味は深くなっていく。

個性豊かな創造性を育てる教育、などとスローガンだけを掲げてみたところで、しょせんは絵にかいた餅なのだ。それを押しつぶすような構造を、日本社会がもっているからだ。また同時に、自分自身もその社会の一員として、実際の行動面ではこれに手を貸していることにも注意をはらうべきではないだろうか。

ユダヤのある学校でのこと。授業中に先生が、ため息をつきながらこう言った。

先生「私が君たちの年の頃には、もっとよく物事を理解したものだがね……」

すると一人の生徒が、椅子から立ち上がって言った。

生徒「きっと、いい先生がいたんですね――」

隗よりはじめよ――まず自分からはじめることだ。自分からはじめること自体が、他人と違った生き方であることに、注目していただきたい。

2章

人を尊敬するな、「対等」であれ!

人との接し方――上下関係を保ちながら〝対等に接する〟ために

◇たとえば個人面接――あなたの評価を一ランク上げる方法がある

世の中には、幸か不幸か面接試験というものがある。だれでも二回や三回は、この種のテストに身をさらした経験をもっていることだろう。人前で根掘り葉掘り、個人的なことはおろか、心の中身までほじくられるのはありがたくない。ましてその結果が、自分の将来の運命を決定するとなると、これはもうおだやかな気持ちでいられるわけがない。

とくに落ち着かない精神状態にさせられるのは、面接の直前だ。順番を待つ間の、あの薄暗い（なぜか、たいていそうなのだ）廊下である。面接室に入ってしまえば、どうにか平静を保つ自信のある者でさえ、廊下で待たされている時の顔だけは何とも冴えない。この状況で、もしゆったりと落ち着いていられたら、相当な人物ではなかろうか。廊下の様子をかげで仔細に検討したほうが、より正確な判定ができるのではないかとさえ思えてくる。

そう考える理由の一つは、面接自体がかなり偶然の要因によって左右されてしまうことだ。

十数年前のこと、わたしの勤務する大学で、通信教育部の卒業予定者に対する論文審査の面接があった。審査に当たるのは本人を直接に指導した担当教授であるが、ある学生の試問のおり、わたしは横から出しゃばって口をはさんだ。本人が予想しそうもない角度から質問を投げかけたのだが、彼はそれに対してみごとな返答をかえしてきた。

面接後、担当教授がわたしのほうを向いて、「評価を一ランク上げました」と言う。わたしの質問の結果だという。もっともな判定だとうなずけたが、これこそまさに偶然以外の何ものでもない。わたしにとって、質問する必要はさらさらなかったのだ。必要もないのに口を出しただけなのだ。それがたまたま本人に幸いしたまでである。受験者を生かすも殺すも質問する側の気まぐれによるのか、そのような感慨を抱かざるを得なかった。

「面接の時のコツがあったら教えてください」。就職試験に向かう学生からこう尋ねられたこともある。だが今述べたように、もともと試験は水もの、うまいコツなどあるわけがない。わたしはたいてい、こう言っていた。

「そうだね、まず椅子に深く腰掛けることだ。浅いと何となく落ち着かない感じに見えるし、だいいち自分も不安定な気分になるだろう」

伏し目がちの者には、次のように言う。

「目線を据えて、相手の顔をまっすぐに見るんだね」

それでも自信のなさそうな学生には、自己流の奥の手を説明する。

「自分があがっていると感じた時はね、とっさに相手がクソをする様子を思い浮かべるんだ。ズボンを下げて、便器にまたがっている格好を想像してみろ。そうすれば、間違いなくふるえが止まるよ」

なんとくだらないことを言うものだ、と読者は思われるかもしれない。だが学生を世に送り出す身の当方としては、これでも真剣に対策に苦慮しているのだ。そこに、海のものとも山のものともわからない面接試験のむずかしさがある。

◇この発想の転換ができれば、もっと上手に生きられる

ところで、最後にあげた学生へのアドバイスの意味はどの辺にあるのか、自分でもおかしな指示だという気がして、なぜ思いついたのかとあらためて理由を考えてみた。要は、相手と自分との隔りをなくせ――どうもこのあたりにあるらしい。

容疑者にされた男が、身に覚えのない犯行を自白したという話、これは新聞によく出てくる例だ。取り調べの際、自白を強要されたためだという。なぜそういう事態になるのか、その場にいないわれわれには納得のいかないものがある。ケースによって事情は異なるものの、どうして最後のふんばりがきかなかったのか、もう一つわからない面が残る。

しかしそうは言っても、ある意味では当然のことなのかもしれない。弱者と強者、その力の差が極端なまでに隔っているのが、この場合の組み合わせであるからだ。弱者の心理には、普通では考えられないほどの緊張と動揺が去来するものだ。これが不本意な行動に結びつく要因であろう。面接にもこれと似かよった面がある。

弱者と強者、面接を受けるものと行なうものという関係は、程度の差こそあれ容疑者と取り調べ係官の関係と同じ種類の構造にある。強者が試問を行なうとき、弱者の側に生じる余分な緊張感や相手からこうむる威圧感、これらがわざわいして不首尾な結果を招くことがあるわけだ。

したがってまず、その意識を取り去ることが先決だと思い当たった。威厳に満ちた担当者の顔つきに圧倒されそうになったら、すぐさま〝便器の上の彼〟を思い浮かべるといい。そうすれば、無用な隔りを感じなくてすむ。彼も人、われも人、それ以外の何ものでもないことが素直に実感できるはず。要は、人と人とはあくまで対等という当たり前の事実を、はっきりと認識するだけのことである。

このことは何も面接に限らず、人生のあらゆる局面に当てはまるのではないだろうか。見方を変えれば、そうまでしないと人と対等に接しえない現実が一方にある。円滑な社会生活を送るためには、不本意ながら相手と自分との上下関係を、まず頭に置いておく必要があるということだ。相手の職業、地位、年齢などを考慮に入れてからでないと、それこそまともにものも言えない社会なのだ。

初対面でこれが不明の場合には、お互いにそれとなく目でさぐり合う。あるいはことばをにごす。思えばわずらわしいかぎりである。このわずらわしさを解消する手段として、名刺の交換という便利な習慣まで生まれた。相手と対等であろうとするどころか、双方の力関係の上下を敏感に察知することのほうが、むしろ当たり前なのである。

真実を〝鋭く見抜く眼〟を育てる

◇すべて〝正しいもの〟でも疑ってかかるのがユダヤ流

ダビデと言えば、ユダヤ人なら三歳の子どもでも知っている。長い民族の歴史において、完全に独立した王国を築いた最初で最後の人物。日本なら、さしずめ神武天皇と聖徳太子を合わせたような存在、文字どおり建国の英雄である。このダビデについて、サムエル記（下11章）には次のような話が載っている。

夕暮れに王宮の屋上を散歩していたダビデ王は、一人の女が湯あみをしている姿をのぞき見る。女はあまりに美しかった。王は家来に命じて身許を調べさせる。名はバテシバ、人妻であることがわかる。夫のウリヤは兵士として戦場にあり、妻は一人留守を守っている。王は彼女を王宮に呼び出して、これと寝てしまう。女は家に帰されるが、あとで妊娠していることがわかり、王にこれを告げる。

困ったダビデは、前線の指揮官ヨアブに使いを送り、夫ウリヤをエルサレムの自分のところへつかわすように命じる。ウリヤが出頭すると、ダビデは戦の労をねぎらい、家に帰ってゆっくり休むようにと言う。土産《みやげ》まで持たせて送り出す。ウリヤが妻と寝れば、はらませたことをどうにかごまかせると踏んだからだ。

ところがウリヤは、王宮の入口で王の家来たちとともに寝て、いっこうに家に帰る素振りも見せない。ダビデはあせる。がまんしきれず、直接ウリヤに理由を問いただすと、ウリヤはこう答える。

「ご主君の家来たちが野のおもてに陣を張っているのに、わたしはどうして家に帰って飲み食いし、妻と寝ることができるでしょう」

王はあきらめて、ヨアブ将軍にあてた手紙を書き、ウリヤ本人にもたせて戦場へ送る。文面には、「ウリヤを危険な最前線に出し、戦いのさなかに彼を残して兵を退却させせよ」との命令がある。

ヨアブは王の指示どおりに実行し、ウリヤは討死する。バテシバは夫の死を聞いて深く悲しむ。喪が明けた時、ダビデは彼女を自分の家に召し入れる。

以上のようなエピソードであるが、これがダビデ王の事績として聖書の中に採録されたところが面白い。

一般に英雄の伝記というものは、時が経つにつれて美化されていく。それが普通の人情というものだろう。その人物に対する尊敬の念が深ければ深いほど、善い点は強調され、悪い行ないは伝記から削除されてしまうものだ。

ところがユダヤ民族には、この点で逆の傾向が見られる。すなわち、大預言者、大指導者たちの欠点や悪業を、むしろあからさまに語ってはばからない。この逸話もその一例なのである。

のぞきという行為は、ユダヤ人にとって最悪の部類に属する。見るという感覚を嫌うくせが、ユダヤ人にはあるからだ。

ノアの裸を見た息子ハムの話（創世記9章22）や、目に見える偶像の禁止（出エジプト記20章4）なども、視覚を低い感覚として位置づける特徴の表われである。イエスが「情欲をいだいて女を見る者」（マタイ伝5章28）は姦淫したことになると言っているのは、これと同じ観点に立つユダヤ的センスからの発言なのだ。

ダビデが人妻の裸をのぞいた——これはユダヤの英雄にとっては、相当な汚点であるに違いない。それが聖書の中で、堂々と語られているのだから実に愉快だ。それだけではない。彼女を犯してはらませ、これを隠蔽《いんぺい》するために夫を死に至らしめたとなると、これはもう形無しである。だが尊敬の対象であればこそ、形無しにしてしまう。けっして絶対視しようとはしない。これが文学に表われたユダヤ人の基本姿勢なのだ。

ダビデ王の墓は、今もシオンの小高い丘の上にある。

歳月の重みがずっしりと感じられる大きな石棺の前に立っていると、老若男女の群れが次々にやってくる。石棺に手を置いたり、額をすりつけたりして何かを祈る。その様子は真剣そのもの、異教徒であるわたしでさえ胸に迫るものがあった。

ダビデに対する彼らの尊敬と親愛の情、これが三千年の歳月を経た今も、生き生きと脈打っていることがよくわかる。それだけに、これほどの英雄でも絶対視せず、むしろ相対化してしまうやり方には驚かされるのだ。この点が、ユダヤに学ぶべきことの一つだとわたしは考える。

◇〝偶像〟をぶちこわすなら早いほうがいい

自分の尊敬する対象を美化する傾向、これに落ちこむ危険はだれにでもある。とくに相手への依存度が高い場合には、ことさらに相手を買いかぶろうとする。またその感情を自分の中でかき立てる。やみくもに口に出して言うことによって、繰り返し自分自身に納得させる。最終的に固定化した偶像ができあがる。祭り上げられた者の孤独感など、むろん一顧だにしない。戦争直後、あえて人間宣言をしなければならなかった天皇の立場などは、そのいい例である。

これが個人の内面でのことならまだ話は別だが、一つの集団における偶像となるとさらに厄介だ。偶像は動かしようもなく固定化され、問答無用の大前提となる。すべての対話は、この前提に立ってなされる。それが集団内での「常識」となる。結論は最初から決まってしまう。異論などさしはさむ余地はまったくない。個人の自由な発想は、知らず知らずのうちに制約され、組織の枠組みだけがいつも傲然《ごうぜん》とあぐらをかくことになる。

その結果、「長いものには巻かれろ」式の無気力な雰囲気が、徐々に集団全体を包みこんでしまう。ならば身をかわして、その部分だけ避けて通ったらとらわれずにすむのかというと、これもまた思いどおりにはいかない。

敬遠ということばがある。敬して遠ざけると書くが、うやまうような態度をとりながら、実際はうとんじて避けるという意味合いであろう。プロ野球の試合で乱発されると、これほど興をそぐものはない。首位打者工作の敬遠に至っては、豆腐の角に頭をぶつけて死んじまえと怒鳴りたくもなる。

ところで、この点で日常をふりかえってみると、あまり他人のことは言えない。都合の悪い相手（職場の上司など）を、ひたすら敬遠している自分に気づくからだ。自分のごまかしている部分や、わざと曖昧《あいまい》にして逃げている部分などが、その人物に向かうと露呈しそうになる。そのため無意識に敬遠する。相手にとらわれているからである。

集団内の偶像に対する各人の反応に関しても、つまるところはこの敬遠という態度になりやすい。敬遠は、追従と反撥《はんぱつ》の中間に位置している。消極性と冷たさに基づくどっちつかずの逃げなのだ。偶像を内面で拒否しているつもりでも、表面では動きがとれず、結局は何もなし得ない自分に気がつくだけである。とらわれから出る予定が、実は自分の中にとらわれをこしらえる結果となる。これも別の意味での偶像と言えるのだ。

こういう偶像を自分の内面でぶちこわす操作が、さきに触れた《相対化》ということなのだ。偶像の存在自体はある程度やむを得ないが、各人各様これにふりまわされてしまうところに問題の核がある。

そこで何かが自分の中で固定化されそうな気配を感じたら、まずそのことを意識してみたらどうか。意識するだけでもかなり違う。次にどこか一点をとらえて、壇上から引きずり降ろす。〝便器の上の試験官〟と同じ理屈である。固定化したあとでは作業がむずかしい。固まらないうちに、できるかぎり早く相対化するほかはない。

なぜそうする必要があるのか、流れに逆らってまでわざわざそういう努力をして、いったい何の得になるのか。あえてそうすることの意味をさぐってみよう。

つねにホンモノを求める心

◇人生でもっとも大切なことを孤児院で学んだ！

しなの鉄道線に信濃追分という駅がある。プラットホームに降り立つと、浅間山が真正面から旅人の目にとびこんでくる。いかにもひなびた村落の駅らしいたたずまいは、四季折々の山容の美しさとともに今も変わっていない。

ここから浅間山に向かって歩くこと十数分、唐松の林に囲まれた高台にK学園という福祉施設がある。小さな幼稚園児から中学生まで、親のいない子どもたち三十人たらずがそこで寝起きしていた。数十年前にわたしが訪れた頃には、みすぼらしい孤児院という印象が強かった。保母さんの話によると、当時のことだから戦災孤児もまだ何人かはいるとのことだった。

最初、何げなく足を踏み入れた玄関先で、四、五人の園児たちにワッととりまかれた。

「オジさん、だれのお父さん、ネェ、だれのお父さんなの——」

口々にそう叫んで、こちらの顔をじっと見つめる。その真剣なまなざしに圧倒された十九歳のわたしは、声もなくその場に立往生するほかはなかった。

その時のショックのためだろうか、その後しばしばK学園に足をはこぶようになった。低学年の子たちとゲームなどをして遊び、高学年の男子には野球を教えた。わたしが監督となり、チームを編成して地区大会に臨んだりした。園児たちはわたしのことを「先生」と呼ぶようになった。

夏も終わり、東京に引きあげる前の晩、子どもたちが送別会を開いてくれた。キャラメル一個、カルケット一枚のささやかな宴であった。いくつかの余興のあとで、中三から四歳までの、年齢もバラバラの女の子たちが数人前に並ぶと、年長の子が一同を代表して言った。

「これから、わたしたちの作った歌を歌います。題は『わたしのお母さん』です」

残念ながら、その時に聞いたメロディと歌詞を、そっくりそのまま正確に再現することはもはやかなわない。だが子どもたち自作の詩の中身だけは、はっきりと心に刻みこんである。それは次のような意味の歌であった。

どんなかおしてるの、お母さん。
きれいでやさしいかおなのかな――
でも、そんなことどうでもいいの。
みにくくてもいい、きらいなかおでもいい、
わるいひとでもかまわない、
かおをみせにきて、いますぐに――

わたしはハッとした。思いもかけない内容だったからだ。その時の子どもたちのニコニコした笑顔、とくにいちばん小さい子のくったくのない表情が、目の奥に焼きついたまま今もって離れない。
「みにくくてもいい、きらいなかおでも……」
そういう発想はわたしにはなかった。横面をガンと張りとばされたような思いがし

た。「先生」などと呼ばれていい気になっていた自分を、ひそかに恥じた。今夜が最後という時になって、子どものほうが大切なものをわたしに教えてくれたのであった。

◇相手への過剰な期待が、相手の重荷になっていないか

心の中に偶像を作りあげる、それにしがみつく、それにもたれかかる——すべては自分の中にある安易な甘さからくるのではないのか。

くさいものにはすぐふたをする、あばたもえくぼのなれあい根性、無用な期待と注文の山、人間の明るい面だけにひたすら目を向けて、暗い闇の部分をまるで見ようともしない生活姿勢、これで現実を踏まえて生きていると言えるのだろうか。子どもたちの歌は、そういった問題に気づくきっかけを与えてくれたのである。

——わたしのお母さんならわるい人であるはずがない。心のやさしい人、にこやかな笑みを浮かべている人、そうに違いない。そうでなければならない。

親のいない子どもたちのこと、見たこともない母の面影を頭に思い描くのなら、当

然このように考えるに違いない、そうしたわたしの甘い予測はみごとに外れた。とんでもない見当違いであった。彼らには、常識をはるかに超えたレベルで、しっかりとした現実認識があったのだ。母は母でいい、これである。

ありのままの母、今そうであるその母の姿を、人はどれだけまともにとらえているのだろうか。

何びとも正確には答えられまい。相手に身勝手な注文をつけてはいないか、自分の注文に沿った姿をどこかで期待してはいないか、はたまた注文どおりでないと許せないなどと思ったりすることはないのか、考えだすとおそろしい。

わたしの母は八十八歳で世を去った。父は早く死んだため、未亡人になってから四十年、晩年はわが家の一室にこもって同居生活を送っていたのである。

母はわたしや家のものに何一つ注文をつけなかった。寄る年波、おそらくいくつも要望をかかえていたと思うのだが、文句を口に出したことがない。それをいいことに、家内一人に世話をまかせて、無精を決めこんでいる面がわたしにはあった。そればかりか、母に対するこちら側からの注文がやたらに多かったと今にして思う。

紙くずはきちんとかごに捨てろ。ガラス戸を開け放しにするな。お茶ぐらい自分で入れて飲んだらどうだ。部屋でじっとしてばかりいないで、たまには散歩でもしたらどうだ、などなど。われながらあきれるほどの注文の山だった。

なぜ、こんなに注文をつけるのか、答えは簡単である。ありのままの母の現実を、そっくり受けとめてやれるだけの度量がわたしになかったからだ。自分の気に入るような姿の母であってほしいという子どもっぽい願望が、五十を過ぎても捨てきれていなかったのだ。そういう手前勝手な注文責めにあって、母はどのくらいつらい思いをしていたことか。これほど親不孝な息子はいないのではないか、そう思うと慚愧《ざんき》にたえない。

何の期待も抱かない相手ならば、それほどの注文はよもやつけまい。だが尊敬する相手、自分の期待をまるごと背負わせているような相手、つまり買いかぶりやすい対象となると、やたらに注文をつけたがる。裏返しの甘えである。

◇人生、仮面をかぶったままでは生きられない

家庭内暴力などと言われるものの正体も、実はこの期待過剰から生まれてくるのだ。

一つの錯覚が子どもの側にある。親は間違いをしない、という思いこみだ。これは人が思うよりもはるかに根深い。

ひとたびこの期待が崩れると、その痛手はちょっとやそっとでは取り返しがきかない。間違いをするはずのない親が、現に間違いをして自分に傷を負わせた、そのことが自分の中で収拾がつかない。絶対に許せない。残された道は、徹底した反撥《はんぱつ》ということになる。反撥はひっくり返しの尊敬でもあるのだ。そこにも尊敬ということの重大な落し穴が顔をのぞかせている。

他方、親たちの側にある錯覚は、オレは子どもの気持ちをわかっているから大丈夫というぬぼれだ。子どもに親の期待をかけてはいけない、余分な気持ちの負担を背負わせてはならないなど、とうの昔に百も承知と安心しきっている。

そのくせ、実際にやっていることはちょうどその逆なのだ。言わずもがなのことは口に出して言い、言うべきことは言うチャンスを逃す。おまけに子どもの言い分には、まるで耳を貸さない。そればかりか、子どもの前ではやたらに格好をつけたがる。

一事が万事と言えそうだが、そうした根性がガンなのだ。そういう親は、やたらにものわかりのよさそうな顔をしてみせる。だが、ことが自分の都合の限度を超えると、みっともなくうろたえる。態度を豹変《ひょうへん》させて怒鳴り出す。こうなると、もはや子ども以上に始末におえない。

そうならないためには何が必要か、ユダヤ人なら「質問することだ」と答えるだろう。親はまず子に質問する、辛抱強く問いかける。勝手な決めつけを避けるには、これに限る。

やみくもに答えを出そうとするのは、愚かなことだ。何が正しい答えなのか、重たい問題になると判断がつかないものである。それに引き換え、問いのほうは間違うことがない。

ユダヤ人作家エリ・ヴィーゼル（八六年ノーベル平和賞）は、作品の中でこう語る。

「もしお前が答えを両手でつかまえようとすれば、答えはお前から逃げ去る。問いと同じに、答えも自由を必要とするのだ……だが、問いが変わらずに留まるのとは逆に、答えはいつも変わるのさ」——"Le Crépuscule, au loin" Grasset 1987

話をもとへ戻そう。

相手を便器の上にのせろ、相手を買いかぶるな、などと言ったことの理由は、今述べたとおり、相手をありのままに受けとめることの大切さにある。またそれを現実に意識することのむずかしさと、十分に体得することの至難さにある。

これを少しでも実現可能な方向へ振り向けるための手段として、決まりきった答えなどないのだという自覚に立ち、すべてを相対化して受けとめる作業の意味を考えてみたいものだ。

ヨーロッパのあるシナゴーグ（ユダヤ会堂）での話。十年以上在職するラビが、突然ガバイ（会計係）に辞職したいと申し出た。

ラビ「まことに申し訳ないのだが、ここの仕事をやめて他の町に行くことにしたよ」

ガバイ「ラビ、いったいどうされたのですか……？」

ラビ「今のあんたの質問が、ここに十年以上いて、初めて受けた質問だからだよ」

自分を他人と比較するな！

◇日頃の態度でここまでわかる〝人物鑑定法〟

その人間がどの程度の人物であるのか、これを判定する目安として、つねづね考えていたことが一つある。それは「偉い人の前でどういう態度を示すか」という点だ。偉い人というのは、この場合広い意味で受けとっていただきたい。人格として高潔、身分や地位の高さなど、とにかく衆目の認める偉い人と思ってよい。また、その人と自分との関係から見た場合の偉い人、たとえば勤めている会社の社長などもこの範囲に入る。何らかの意味で、自分の立場や生活自体に影響を与え得る者と理解してかまわない。

そういう人の前に自分が立った時、ペコペコして相手におもねるか、あるいはふだんどおりの自然な態度を保ちうるか、その点を見分けるということだ。その場合、相手の自分に及ぼす影響力が大きければ大きいほど、ことはよりはっきりする。ガラリと態度が変わって、ひたすら相手の顔色や発言にビクビク反応するかどうか、そのあたりを見るのである。

この目安は逆の意味でも当てはまる。偉い人にではなく、自分より立場の下の者や、自分に従属している人間に対しての態度によっても判定できる。自分に対して立場の弱い者に、やたらに威張り散らすか、あるいはそうしないかである。

どちらかと言えば、むしろこちらのほうが正確な判定を下しやすい。旅館や食堂の客の中に、細かいことにいちいち難癖をつけ、くどくどと店の者をいびるタイプの人間がいる。自分の立場の強さをかさにきて、安全圏に立ってものを言う。いちばんきたないやり方である。

ふしぎなことに、偉い人に対して極端に腰を低くする者ほど、下の者に向かうと肩をいからせて尊大になるようだ。したがって、その落差がどのくらい激しいか、逆にほとんど差がないか、としたほうがよりはっきりした確実な目安となろう。

◇すべての飾りを捨てて人と向き合うために

偉い人にへつらい、下の者にいばりちらす、人間だれしもこの傾向にある。相手によって態度を変えることをなくすには、どうしたらよいのか。これはもう並大抵のことをやっていたのでは埒《らち》が明かないという気になってくる。ズバリその根を断ち切らなければならない。相対化へ通じる糸口はどこか。相手に余分な恐怖心や無用の優越感を抱かず、同時に相手をありのままに受けとめる、そういうバランス感覚を育てるにはどうしたらよいのか。その中身をどう表現したら適切か。子どもにも、また親自身にも相乗的な効果を及ぼす格言めいたものが生み出せないものか。

苦慮したあげくに、辛うじてひねり出してみたのが、

「お父さんより偉い人は一人もいない」

という文句であった。そう言ってきかせたら、子どもはどんな顔をするだろうか。

ある夜、下の娘がわたしに尋ねた。

「お父さんって学校では偉いほうなの？」

チャンス到来である。待っていましたとばかり、わたしはこう言った。

「お父さんより偉い人はね、学校には一人もいないんだ――」

フーンという顔をする小学校六年生。わたしはさらにことばをついだ。

「それからもう一つあるんだ。お父さんより偉くない人も、一人もいないんだよ」

これを本人がどう受け取ったか、一年ほどして、直接確かめてみると、「最初はふしぎに思ったけど、だんだんにそうだなってわかってきたの」ということだった。

要するに、偉いとか偉くないとかいうことは、本来ないはずのものである。ないはずのものが、なぜこうまでデーンと腰を据えるのか。タテ社会に生活する以上、やむを得ない一つのひずみだからであろう。だが、これに唯々諾々《いいだくだく》と流されているかぎり、やがて個人の心の大切な部分まで冒されてしまう。欺瞞《ぎまん》と追従の世界にドップリとつかりこみ、魂を売り渡したような気になり、自己嫌悪にさいなまれる。その悩みは重たい。これをはね返すのは至難の業に近い。

しかしだからこそ、内面に一本の芯を通しておくことがより重要なのではあるまいか。実際には改善のめどが立たなくとも、そうした自分から出ようという発想をもつだけでも、何かが違ってくるはずだ。それどころか、個人が対等の意識を確保すればするほど、上下関係がむしろ正常な姿に近づくのだということに着目してほしい。

堕落の町ソドムを滅ぼすという神の決定に対して、アブラハムは平然と抗議する。悪人と一緒に正しい者を滅ぼしてよいのか、五十人、三十人、いや十人の正しい者がいたら滅ぼさないでほしい、と彼は最後まで食い下がる。

絶対者を前にしての毅然とした態度、アブラハムのこの姿勢を描写して『トーラー』は
「アブラハムはなお、主の前に立っていた」（創世記18章22）

と記している。

たとえ相手が無限者であろうと、彼の態度は変わらない。「なお」という語がそれを示している。同時に彼は、彼自身の場所に立つ。だれの場所でもない、自分だけに与えられた固有の場所なのである。

さてそこで、相手によってフラフラするわれわれ凡人の意識を、正常なかたちに戻すには具体的にどうしたらよいのか。とにかく、ふつうに立つことである。改まった態度を捨てて、ふだん着の自分のままに立てばよい。

「他人を尊敬するな」――これが最終的に行きついたわたしの結論であった。

「お父さんより……」というのも、つきつめてみればここへつながる。その心は、人と対等であれ、人を対等に扱えということに尽きる。

知り合いにモシェ服部という男がいる。名古屋で牧師をしていたが、キリスト教のあり方に疑問を抱き一念発起してエルサレムに移住。厳しい勉学修行の末、ユダヤ教に改宗したという変わり種だ。そのモシェが、改宗を完了した日にこんな体験をした。

午後の祈りのためシナゴーグ（ユダヤ会堂）に出向くと、会計係が必死の面持ちで人捜しに行くところだった。礼拝には十人の成人男子が不可欠で、これを〝ミニヤン〟という。

午後は皆が仕事中だから、ミニヤンにならない日も少なくない。そういう時にはガバイ（会計係）が路上に立ち、「ミニヤン！」と叫んで、ユダヤ人男性を捜さなければならない。

彼はモシェの顔を見ると一瞬考え、その後ニコッと笑って「どうぞ、どうぞ!!」とシナゴーグに招き入れた。

ガバイのあんな笑顔は、これまで見たことがない。今日からこの日本人も、ミニヤンの一人に数えることができる、そのことに思い当たったからなのだ。

中に入ると、いつもモシェの後ろの席に座る老人が、ゆっくりとした口調で、

「モシェ、実はね、あんたが十人目なんだよ」

と教えてくれたという。

どんなに偉い人でも、ミニヤンの二人分は務まらない。イスラエルの主任ラビも、今日改宗してユダヤ人の仲間入りをしたばかりのモシェも、シナイ山で『トーラー』を授与された「本物」のモシェ（モーセ）も、同じ対等の「十人目」だったのだ。

人を尊敬すること、それ自体は悪いことではない。だがそれを助長する必要もない。尊敬を抱く場合は、放っておいても自然にそうなるからだ。むしろ尊敬に含まれている危険、不必要に美化してしまう危険のほうが問題なのだ。

対等の意識がこれによって弱められていくとしたら、それこそ元も子もない。尊敬することを教える意味もあるだろうが、そこから生じる損失のほうが大きいとわたしは見ている。

「他人を尊敬するな」という姿勢は、「他人を自分より低く見るな」という態度にもつながる。またつながらなければ意味がない。要は、他人と自分との比較をきっぱりとやめることだ。そのうえで他人と接することである。

3章

「迷惑をかける」ことを恐れるな！

「迷惑をかけない」人間ほどスケールが小さくなる！

◇まず、人間は〝迷惑のかたまり〟であることを知れ

わたしの勤務していた大学には、通信教育部がある。すでに社会人として働く方々が、再び大学の門をたたいて勉学を志す。学費もたいていは自分で工面することになる。働きながらの研鑽《けんさん》、その努力は並みのものではない。頭の下がる思いである。自然と講義する側にも力が入る。

通信大学なので、学生側は主としてレポート提出によって単位を得ていく。わたしの担当は『倫理学概論』だった。そのレポート課題の一つとして、「自分自身の善悪判断の規準を具体的に述べよ」という題を学生に課す。思えば厄介な課題だ。作った当の本人がそう思うのだから、課せられた側にとってはさらに厄介なことであろう。

教師というのは学生にとって残酷な存在である。

ところで、この課題に答えるレポートの内容だが、いったいどういう規準が多いと思われるであろうか。他人に迷惑をかけないこと——実はこれがいちばん多いのだ。

レポートの書き出しは、まず幼児期の体験からはじまる。両親が規準となり、次に先生がこれに加わり、周囲の人々の共通した見解、習俗や法律などが目白押しに並ぶ。それらを加味したうえで、自分の良心によって判断するというふうに結びがくる。人によって多少のニュアンスの違いは見受けられるものの、おおむねこういった傾向にある。次に規準の具体例として、ほとんどの人が判で押したように挙げるのが「他人に迷惑をかけないこと」というわけなのだ。

この規準、別におかしくはない。どこの親でもそう教える。自分の子どもがせめて、他人さまの迷惑にならない人間に育ってほしいと心から願う。常識から見るならいたって当然である。

だが世の中、当然すぎるものほど実は危ないのだ。なぜか。その根拠について、深く検討されるということがほとんどないからだ。そのためつねに妥当な主張として、安易な前提にされやすい。自分も周囲も、反論の余地のない事柄と受けとめる。その結果、それについての批判はおろか、判断すらもち得ない状態となる。このあたりがどうも気になって仕方がない。

「他人に迷惑」の件に関して、わたしが日頃抱いている疑問は三つある。

一つは、他人に迷惑をかけない人間などというものが、実際にいるのかという疑問である。

考えてみてほしい。一生をだれの迷惑にもならずに生きていけるなどということが、現実にあり得るだろうか。一生と言わず、一年、いや一カ月程度の短い期間ですら、はっきりと自信をもってイエスと答え得る人がいるのだろうか。わたしには疑問である。わたしなどは、たとえ一日だけと言われても、自分の日常を頭に描くなら、とてもおよびではありませんと答えるしかない。

仮に今、一人の男が教室なら教室に入ってきたとしよう。それだけで、その部屋の空気は汚染され、酸素の量は減るのである。その男の体内にある雑菌は、呼吸や咳、くしゃみなどを通して室内に放出される。悪性の風邪に冒されていたりしようものなら、周囲に及ぼす被害は大きい。隣の席にいる学生は顔をそむけて、できるだけその男の息を吸いこまないように努力しはじめる。講義への集中力は、即座に乱される。

男が咳をするたびに、これに反応しまいとして教師のほうもやっきになる、それにつれて教師自身の講義のヴォルテージも低下していく、とまあざっとこんな具合である。当人には悪意のかけらもない。ただ外部から室内に入ってきただけである。万《よろず》やむを得ない仕儀である。だが結果として、周囲の迷惑になってしまう。人間とはそういうものなのだとわたしは考える。

人は存在するだけで、それ自体が迷惑なものだ。存在しはじめた瞬間から、迷惑をかけ続けて生きていくものなのだ。残り少ない地球上の食物を食い減らし、貴重な資源を消費する。これを回避することはだれにもできない。しょせんは自分自身が迷惑のかたまりであるという事実、これを自覚して生きるほかないのではあるまいか。

◇迷惑をかけていることに気づいていないのは本人だけ

二つ目の疑問は、自分が他人の迷惑になっていないと思いこんでいる人ほど、実際には平気で迷惑をかけているということである。

走行中の車から空きかんや吸いがらを投げ捨てる人、集配のない日にゴミを出す人、列車の中であたりかまわず大声で話す人、混んでいる電車内で足を組む人などなど、数え上げたらそれこそきりがない。

たいていの場合、ご本人には迷惑をかけているという意識が欠けている。少なくとも、きわめて薄いのだ。このくらいのことならいいだろう、別にたいしたことではないのだからと思っている場合が多い。あるいは、まるで気にしないずぼらな性格で、他人から注意されると、そこで初めて気がつくというケースもある。

大学に勤務していたとき、学内の階段や廊下で横一杯に広がって歩いてくる学生と出くわすことがあった。当方は進路を変えて端によける。ところが、先方はそのままの状態で進んでくる。衝突を避けるためには、ヒラメのように壁面にへばりつくほかはない。昔は「江戸しぐさ」といって、すれ違う時に体を斜めにする「肩ひき」という動作がマナーとしてあった。もっともこれは相手のあること、双方がやらなければさしたる効果は期待できない。

仕方がないので、まともに体をぶつけることにしてみた。すると、ぶつかった学生がこちらの顔を見て「すみません」と頭を下げる。素直に恐縮している表情である。悪気など毛の先ほどもない。自分たちが進路をふさげば相手を困らせるという意識を、衝突が起こるまではまるで感じていないわけだ。これでは、当方も苦笑するしかない。だから迷惑をかけることの特徴は、かける側に迷惑の意識がほとんどないことであると、わたしは受けとめることにした。

現実に迷惑な者ほど、自分では他人の迷惑になっているという意識が薄いのではないだろうか。意識が薄いということは、反省する可能性がほとんどないことになる。反省がないところに、事態の好転や改良は望めない。「他人に迷惑をかけない」というスローガンは、かえってこの反省の芽を摘《つ》み取ることになってはいないのか。この辺が、どうも気になって仕方がない。

◇人に迷惑をかけない生き方より「お互いさま」のほうが温かい

第三の疑問は、他人に迷惑をかけないという姿勢が、結局は他人に対する心の冷たさにつながっているのではないかという点にある。いや、つながるどころか、むしろ冷たさそのものではないかという気がするのだ。問題はこうである。

人間は社会に生活する以上、お互いに迷惑をかけ合って生きているものだ。また、かけないですませられるわけがない。迷惑をかけ合えばこそ、社会的共同生活のバランスも取れるというものだ。迷惑をかけ合った末に、初めてお互いの親しみが湧いてくることとさえある。また、赦《ゆる》し合う気持ちにも発展していく。「お互いさま」という言葉も、心から言えるようになるのである。

迷惑をかけないでいようという態度は、この辺の微妙な人間関係の育成を大げさに言えばぶちこわすものだ。迷惑をかけないという意識は、迷惑をかけたあとの結果を避けたいという考えに近い。他人に迷惑をかければ、当然そのあとに借りができる。借りを作ったという意識が生まれる。これが嫌なのだ。借りをこしらえるくらいなら、そうなりそうな要因を未然に取り除いておいたほうがいい。そこで、他人に迷惑をかけないという結論が導き出される。

もちろん、迷惑をかけまいという姿勢の背後にあるのが、すべてそういう冷たい計算ばかりだとは言えない。純粋に他人のためを考えて行動する人もある。少なくとも、そういった計算を意識しない場合も多い。だからと言って、自分の心の奥底にそうした打算がみじんもないとは言い切れない。人間、自分についての評価となると、だれでもおぼつかない面をもつ。また十分に正確に意識し得ないものである。わたしが問題として取り上げたいわけも、その辺にある。

他人に迷惑をかけない——それは相手と自分とを、ある意味では切り離そうとする操作なのだ。相手と自分との間に、いかにももっともらしい垣根を作る。常識を盾にとり、定規で引いたようなきっちりとした線でお互いを隔てる。これを冷たい生き方と呼ぶのは、言いすぎであろうか。

さらに困ることは、迷惑さえかけなければあとはどうしようとかまわない、文句を言われる筋合いはない、という態度である。これは他人を完全に無視する姿勢にもつながってくる。このあたりにも、冷たさの一端が顔をのぞかせているのではないのか。

それればかりではない。迷惑をかけないというのは、つまるところ他人からの迷惑はごめんだという姿勢である。自分も迷惑をかけないかわりに、他人も自分には迷惑をかけないでほしい。他人から迷惑をこうむるようなことは、一切おことわりという考えがあるのだとわたしは受けとめている。

これが冷たさでなくて何であろう。この点での、じっくりとした問い直しが必要ではないだろうか。

この点でユダヤ人の考え方は、徹底している。流浪（ディアスポラ）の民として、周囲から排除されるのは日常茶飯事のこと。その中で生き伸びるためには、仲間同士助け合うことが、どうしても必要となる。互いに迷惑を掛け合うのは、むしろ当然のこととして受けとめるのだ。

ユダヤの古典『ベン・シラの知恵』（前二世紀）は、こう語りかける。

「泣く人と共に泣き、悲しむ者と共に悲しめ、病人を見舞うのをためらうな……生きている間、友人に親切を尽くせ。できる限り手を差し伸べて、援助せよ……お前が苦労して得たものは、他人の手に渡り、汗の結晶も、くじで分配されてしまうではないか」（7章34～35、14章13、15）

まさに「お互いさま」の発想である。これが土台となって、窮地に立たされた者でもそこから脱出することができた。ユダヤ人に成功者が多いのは、これが一つの要因だったと言っていい。

「自分のことは自分がいちばんよく知っている」という思い込み

◇〝当たり前〟の習慣こそが摩擦の原因

一口に迷惑と言っても、状況によって問題の性質はかなり変わってくる。とくに閉鎖的な集団における迷惑ともなると、ことは一層深刻になる。四六時中鼻を突き合わせているため、それを避ける逃げ場がないからだ。

東京カトリック神学院と呼ばれる司祭養成所がある。若い頃、わたしはそこで八年ばかり集団生活というものを体験した。朝起きてから寝るまで、もちろん寝ている間も文字どおりの集団生活であった。

起床は毎朝五時二十分、黙想とミサを終えて朝食が七時十五分、それから歩いて大学へ出かける。昼間は一般の学生とさして変わりがない。五時までに帰院、六時夕食、自習時間を過ごして消灯が十時という日課であった。神学校というものの性格上、集団の規則はきわめて厳しい。朝夕の短い休憩を除いて終日ほとんどが沈黙の時間、外出日は月一回と決められていた。

集団生活での楽しみは、何といっても食事の時間だ。神学院の食堂は指定席で一つのテーブルに十人、五名ずつ両側に腰掛け、食卓の端に置かれた大皿を左端の者から順に自分の皿に取り分けて次へまわすというシステムであった。

まだ戦後の食糧難の時代、毎日空腹をかかえて暮らしていた頃の話である。食べ盛りの学生たちにとって、どのくらいの分量を自分の皿に盛り取るか、各人の判断に任されているだけに、かなり深刻な問題であった。ともかくも食べたいだけ自分の皿に取る、あとのことなど考えてもみない、そういう学生も中にはいたのである。だがことはきわめて微妙、お互いに目をギョロつかせて相手の皿を監視するだけで、口に出して言うものはいなかった。

ある晩のこと、夕食後の全員集会のおり、三年生の学生副委員長《スブ・ビデルス》だったJから次のような提案がなされた。

「食卓でのおかずの取り方ですが、あとをかまわず取りすぎる傾向にあります。現にわたしもその一人です。みんな腹を空かしているから無理もないのですが、そこはがまんして、自分の量を加減したらどうでしょうか」という趣旨のものだった。

すると四年生のAが、すこぶる不満げに口をはさんだ。

「そういう自分勝手な人間がいるわけがない、われわれはみんな神学生なのだからね。少なくともオレのテーブルには一人もいないよ」

それからしばらくは、JとAとの間でやりとりが続いた。わたしは心底驚いてしまった。なぜならくだんの二人は、食堂でたまたまわたしと同じテーブルに席があり、毎回彼らが自分の分をどう取るか、つぶさにこの目で確かめて知っていたからだ。

「勝手な奴はいない」と言ったAは、おかまいなしに自分の皿にゴッソリと取る手合いであった。「オレもつい取りすぎる」と言ったJのほうは、人も知る大食漢でありながら、少ししか取らないのをつねとしていたのである。

◇〝思いこみ〟を頭につめこんで生きていないか

「みんな神学生だから」というAの発想の仕方には、問題が二つある。

一つは、神学生という観念にすぎないものを現実と混同し、普通の学生とはレベルが違うのだと単純にも思いこんでいる点、これがそもそも間違っていたのだ。神学生と一般の学生の違いがどこにあるのか、院内の廊下を黒長衣《スータン》を着用して歩くかどうかだけの違いである。性欲や食欲の点で、もともと差などあるはずもない。行動の実践レベルでは、さして変わりはなかったのだ。

もう一つは、「自分のまわりには一人もいない」と言い切っている点だ。事実そうかもしれない。しかし例外が一人だけいる。A自身である。そのことがAには見えていない。おそらく最初から、自分だけを考慮の対象から外しているとしか思えない。自分がもしかしたら迷惑をかけている張本人ではないのかという視点が、まったくと言っていいほど欠落している。迷惑に関して、もっとも注目すべき問題はまさにこの点にある。

自分のこととなると皆目《かいもく》わからない――人間とはそういう生き物だと言っていいだろう。迷惑の件も、これを基盤にして考えないと意味はなくなる。ことはAのみの問題ではない。われわれ一人ひとりの問題なのだ。自分だけを除外する傾向、これは人間と名のつくあらゆる存在のなかに、深く根を下ろしているのである。

ならばいかにして迷惑をつかまえるか。要は迷惑と意識できる事柄は勘定に入れずに、迷惑と気づかないものにだけ注意を集中することだ。それにはこれまでやってきたような、常識的な前提をすべて取り払って、自分の意識の中身をそっくり取り換えるほかはない。どういう中身をもってくるかは、その人個人の判断によるのだが、とりあえず意識の逆噴射が出発点として必要なのではあるまいか。

「自分は人の迷惑になっている」という前提

◇理想を追いすぎると現実への目が閉ざされる

ことがことだけに、誤解を招かないよう、問題点を整理しておきたい。「他人に迷惑をかけるな」という常識律には、難点が三つある。

1　現実に迷惑をかけないような人間は一人もいないということ

2　自分が迷惑になっていることに気づかない人ほど、平気で他人に迷惑をかける傾向にあること

3　迷惑をかけないという姿勢は、ウラを返せば心の冷たさにつながること

簡単に言うと、以上のような論点であった。

常識だから間違いがない、みんながそう考えているのだからオレも、というのは安易すぎる。

常識とはそれほど確かなものだろうか。常識とはいったい何なのか。だれが常識を決めたのか。何の考慮も加えずに、頭から信用していいものなのか。

この問いかけは、この本の中でことあるごとに問い直すとしよう。常識の殻は日本人の意識の中であまりに固く、磯のあわびのようにしっかりと岩肌に固定されている。これをほぐさないかぎり、意識の新しい伸展は望めない。また、個人の自律的な判断が育つこともあり得ない。

迷惑についての意識、迷惑をかけさえしなければという前提は、とっくの昔にさびついているのだ。それについての考慮も反省も、ろくすっぽなされていないことがその証拠である。

まず自分が、しょせんは他人様のご迷惑になっているのだ、という意識をもつことである。たんに観念的な気分のいい意識では効果がない。具体性のある実質的な意識でないと役に立たない。そのうえで、「人に迷惑をかけるな」と教えるのをやめることだ。こう教えることが、かえって逆効果になること、むしろ「迷惑になっている」という大事な出発点を、なおざりにする結果になることに留意すべきなのである。

他人に迷惑をかけるな——そう教えれば子どもが迷惑をかけない人間に育つと、本気で思いこんでいる親が多すぎる。何とも安易な話である。

だが、ことは意に反して、そううまくはいかないのだ。うまくいかないばかりか、実際に迷惑になっているという事実の自覚、この自覚のきわめて薄い人間になるのがオチだ。そう言われて育ってきたためか、あるいはそう教える親自身の行動が、実際には裏腹であることを脇で眺めていたためか、おそらくはその両方であろう。この盲点をどうにかして自分で突き崩さないことには、一歩も先へは進めない。

もちろん、他人の迷惑にならないように行動するのは理想として正しい。最終的に迷惑をかけないように生きられるものなら、それにこしたことはない。だがそれは、あくまでも理想である。その理想にできるだけ近づくためには、どうしたら効果のある手段が見つけられるのか、このところを各人が真剣に、かつ効果的に模索する必要があるのではなかろうか。

◇「意識して迷惑をかける」ことの思わぬ効用

「他人に迷惑をかけてこい」、自分の子どもたちにそう教えたのが、実際にわたしのとった手段である。彼らが小学校にあがる頃のことであった。

理由はこれまで述べてきたとおりである。迷惑をかけるというのはどういうことなのか、迷惑をかけられたとき相手はどのように困るのか、自分はどういう気持ちになるものなのか、すべてを実際に肌で感じ取ることが必要だと考えたからである。

迷惑になってはいけないと百万遍《ひやくまんべん》繰り返してみたところで、子どもはその何たるかをつかみようがない。現実に具体的なつながりをもたない、たんなることばとして、曖昧なかたちで頭の中に残すだけである。そうならないためには、迷惑そのものを身をもって体験するほかはない、というのがわたしの考えた理由であった。

迷惑というのは、そもそも相互性に基づいた概念である。つまり、迷惑をかける側とかけられる側、その両者を一つにまとめて考慮して、初めて十全な認識が得られる種類のものなのだ。一方的に自分のサイドだけを考えて、迷惑をかけないでいると思いこんだところで意味はないのだ。

この相互性の認識を実感するためには、何らかの具体的な体験ないしは事実に基づいた理解を通す必要がある。迷惑をかけた、迷惑をかけられた、その体験が何ものにもまさって重要なのだ。

さて、迷惑になってこいと教えたわたしの場合、子どもたちはその後いったいどうなったか。手前みそのような話だが、わたしの思惑はほぼ期待どおりになった。

小学校の父親参観のあとの面談で、息子のクラス担任の先生がわたしに向かって次のように言われたことがある。

「ケンちゃんは周囲に迷惑をかけないし、実によく友だちの面倒を見る。いったいご家庭でどういう教育をなさっているのですか、参考までにお聞かせ願えませんか？」

答えに窮《きゅう》したわたしは思わずこう言った。

「他人に迷惑をかけろ――いつもそう教えているからでしょう」

あっけにとられた先生は、目を丸くしてわたしの顔を見つめておられた。

結果がそうなったからといって、原因がすべてこの理由によるとは、むろんわたし自身も考えてはいない。ほかにも、わたしの知らないいくつかの要因があるのだろう。

まして、自分の子どもが本当に迷惑をかけていないなどとは、毛頭思ってもいない。たぶん、先生の目につかないところで、かなりの迷惑になっているのではないかとさえ考える。ただこの方法によって本人たちに、自分が迷惑になっていることの意識だけは十分にもたせることができた、と先生のその時のことばで納得がいった。

繰り返すようだが、問題はこの意識の問い直しにある。ことは子どもの教育の問題にかぎらない。むしろ、われわれ大人たち自身の当面する課題として自覚する必要があろう。

◇「逆転の発想法」を生んだユダヤの歴史

迷惑をかけさえしなければ――という発想は、行動の規範としてきわめて危険なものである。迷惑を自分サイドからだけ考える結果、かけられる側の立場でものを見ようとはしない、そこに大きな落し穴があるのだ。

学校でよく問題となるいじめの場合にも、これと同じことが言える。いじめる側に、いじめられる者がおかれる立場の認識が欠落している。いや、いじめそのものの意識も理解も最初からない。これでは程度をわきまえろと言っても、無理な話だ。

くどくどと観念的に教えこむのはやめにして、逆の立場に立たされたらどうなるか、それを体で感じさせるほかはない。どのような方法で訴えかけるかは、個々の状況によって選ぶ必要がある。

ユダヤの国祭日の一つに、ヨム・ハズィカロン・レショアーというのがある。ワルシャワ・ゲットーのユダヤ人が、ナチスに抵抗して蜂起した日を記念し、同時に大戦中に殺された六百万同胞の死をいたむ日である。不幸な出来事を祝祭日と定め、長く子々孫々までも記念するというのは、いかにもユダヤ流だ。もちろん学校などは休みとなる。

「お母さん、今日はどうしてお休みなの？」

ユダヤ人の小学生の息子が母親に尋ねた。

「この間の戦争中にね、ユダヤ人が六百万人も殺されたことを思い出すためなのよ」

「どうしてそんなに殺されたの？」

「キリスト教の国の中には、ユダヤ人を憎んでいる人たちもいるのね。その憎しみが急にふくれて爆発したからよ。でもね、その人たちだけが悪いわけではないの。ユダヤ人のほうにもいけない点があったのね」

「エッ、ユダヤ人のどこが悪かったの？」

「それはね、その国の人たちにユダヤ人のことを、もっとよくわかってもらえるように努力しなかったからなの――」

「…………」

「それにね、相手のことをわかろうとする努力も足りなかったの。お前はほかの科目は満点に近いのに、『キリスト教史』だけは0点だったのよ。それでいいと思うの？」

その日以来、この男の子はキリスト教についての勉強もきちんとするようになったという。これは実話であるが、みごとな教育というほかはない。まさに相互性の教育である。

『トーラー』にこうある。

「あなたは寄留の他国人をしいたげてはならない。あなたがたはエジプトの国で、寄留の他国人であったので、寄留の他国人の心を知っているからである」（出エジプト記23章9）

かつて、奴隷として生きた余所者《よそもの》の体験が、民族を特徴づける自覚となって、ここに生かされている。

歴史に繰り広げられるさまざまな人間模様、それをただ一方の端からだけとらえようとしないで、両方から把握しようとするゆとりある姿勢。ちょうど振り子が左右どちらにも去来するように、相互的なかかわりの認識を軸にしてのアプローチ、これがユダヤに学ぶべき一つの点だとわたしは考えている。

むずかしく考える必要は何もない。自分が迷惑であることに気づけばそれでよいのである。具体的な方法は、あなた自身にまかされている。「他人に迷惑をかけろ」といったわたしのやり方も、自分の性格や子どもたちの状況に合わせた一つの手段にしかすぎない。要はこの発想の奥にあるニュアンスなのだ。そこを敏感に嗅《か》ぎとって、御破算で問い直してみることである。

4章

「～らしく生きる」ことを拒否しろ！

自分に絶対の責任をもつ生き方

◇限度を超えた〝社会の親切〟はだれのため？

かつて七年間のフランス留学を終えて帰国したばかりのY子が、わが家に挨拶《あいさつ》に訪れた。彼女はわたしのかつての教え子である。こういう場合、母国にどんな印象をもったかを尋ねるのが、いつものわたしの癖なのだ。タイミングは、帰国後早ければ早いほどいい。

「日本に帰ってみて、とにかくびっくりしたことがあったら教えてくれないか」

つもる話もそこそこに質問開始である。

「あるんですよ」とY子は目を輝かせた。

「いちばんびっくりしたこと、それが小田急線の新宿駅ホームなんです。並んで待っていたら、突然『どなたさまも白線の内側までさがってお待ちください』というアナウンスがあるでしょう。驚いてしまって……」

「ヘエ、どうしてなの？」

「てっきりだれかがホームから落っこちたと思ったんです。夢中で足下の線路をのぞきこんだの。そうしたら、だれもいないからホッとした」

「………」

「だって先生、へんでしょう。ホームの白線は、それ以上前に出ては危ないという印、大人なら言われなくてもわかるはずですよ。もしだれかが白線を越えて怪我《けが》をしても、それはその人の勝手ですもの。まわりで心配するなんて、おかしいんじゃないかしら――」

まことにごもっとも、Y子の言うとおりなのである。だが習慣とはおそろしいもの、怪我をしてもその人の勝手という発想に至っては、今の今までまるで考えてもみなかった。こんどは、こっちがびっくりして、相手の顔を見つめる番になった。

言われてみれば、なるほど変だ。とにかく親切の度を越えたアナウンスが、電車などに乗れば次から次へと耳に入ってくる。

「どなたさまも網棚のお荷物を、もう一度お確かめください」

「雨の日は傘の忘れ物が多くなっております。傘はお手許《てもと》から離さぬよう願います」

いずれも車掌さんの親切がにじみ出てはいるが、どう考えてもサービス過剰としか言いようがない。これほどはたで面倒を見てやらないと、乗り物にも満足に乗れない大人が雁首《がんくび》をそろえているのかと思いたくなる。子どもの過保護も問題だが、その前に大人への子ども扱いという習慣に注意を向けるほうが、はるかに大切で意味のあることではなかろうか。

◇自分の行動を自分で決められない〝やっかい者〟

まわりを見まわすと津々浦々まで解説ばやり、月並みな説明ことばのはんらんである。前に朝刊の投書欄にこんな投書があった。ネクタイを贈りものにとデパートに入ったご婦人の話だ。自分で柄を選んでいたところ、店員が寄ってきて質問をはじめた。相手の年格好、地味好みか派手好みか、職業や地位、性格にいたるまで根掘り葉掘り。ついにいたたまれなくて、買うのを断念したという投書である。結局そのご婦人は、相手の希望するネクタイをあきらめて、予定外のワニ皮のベルトを別の店で買う破目《はめ》になったとのことであった。

よくある話である。ここで一つ気になるのは、こういう場合、客はなぜ説明を拒否できないのかということだ。「ありがとう、でも自分でゆっくり選びたいから放っておいて」と言えばよいのだ。だが、そうする客は意外に少ない。たいていは店員の意のままに誘導され、あげくの果ては思ってもみなかった品物を買う始末。いったいこれは、どのような要因から生じる現象と見たらよいのか。

ここでわたしは、さきほどのY子の話を思い出す。「どなたさまも白線の内側までおさがりください」、この種の案内に慣れすぎているのではあるまいか。乗客は白線を出るか出ないかを、案内なしに自分で考えて選ぶ立場ではないのだ。初めにまず「どなたさまも」という同一の枠の中にくくり入れられる。そのあとで、指示に従うか従わないかを選択するだけが各人の仕事となる。何でもないことのようだが、ここに問題の焦点があるのではないだろうか。

自分の行動を自分で決める、これが大人だ。かりに乗客が白線の外側に出て怪我をしたとしても、それはその人の勝手なのだ。個人の自由に任される範囲のことなのだから。必要な注意、つまり白線の表示がしてあれば、あとは個人の判断力を信頼して放っておけばよい。これが、Y子の主張であった。帰国直後の人間の発想だけに目新しく、わたしは自分の盲点をつかれたような気がしたのである。

ユダヤの古典『ベン・シラの知恵』(前二世紀)の一節にこうある。

「主が初めに人を造られたとき、
判断はその人の手にゆだねられた」(シラ書15章14)

一人ひとり違った意見をまず大事にする。違っていればこそ、その意見に耳を傾ける。原初において神は、どう判断するかをその人に任せたのだからと、ベン・シラは言う。これがユダヤ人の価値観の根底にあると言っていい。

各人に任せるというこの姿勢が、われわれの周辺ではたしかに不足している。その結果、自分で発想し、自分から動き出すという姿勢にも乏しいのではないか。指示に従うかどうかは各人の判断であると言っても、この場合の判断には質の違いがある。指示があってから動くのは、条件を与えられてそれに反応するだけのことだ。そのような条件反射と、まず自分で行動に移すこととは、決定的な差があるのだ。完全に任せきれない傾向や、自分から動かない習慣など、ここでもう少しさぐってみよう。

自分のやりたいことを成し遂げるための〝哲学〟

◇だれのものでもない、自分の人生を生ききったある男

神学校の頃からの友人にNという男がいた。生涯出会った人間の中で、これぞ奇人と呼ぶにふさわしい人物と今でも思っている。奇人変人が目白押しに並ぶ哲学科の学生の中にあって、ひときわ目立ってユニークな存在、それがNであった。

額が広く、黒の丸ぶち眼鏡をかけたNは、目線をなぜか四十五度に落として、小柄のくせにかなりの大股で寮の廊下を歩いていた。その風貌は飄々《ひょうひょう》としてとらえどころがなく、沈黙だけが重々しく彼のまわりを包みこんでいるという雰囲気であった。

Nの奇行に初めて接したのは、哲学の授業中のことである。スペイン人の教授が質問して彼を名指した。Nはいつもの四十五度の目線のまま微動だにしない。もちろん

答えるような素振りも見せない。問いに対する沈黙は、相手の存在の無視か侮辱と受けとられても仕方がない。どうみても得にはならない。だがNは口を開こうとはしない。そのままのにらみ合い――正確には教授だけがNをにらんでいたわけだ――の状態が五分ほど続いた。教室内は針の落ちる音でも聞こえそうな静けさに包まれた。われわれ学生は気が気ではない。独りNだけが平然としている。ついにあきらめて動いたのは教授のほうであった。

「どうして、答えなかったんだい?」

講義の終わるのを待ちかねて、わたしはそっと彼にきいてみた。Nは答えた。

「三分もがまんしていれば、ほかの人に当たりますからね」

これが彼に敬服した最初の出来事であった。

あとでわかったことだが、気に入った者にしか口をきかない性癖がNにはあったのだ。もともと教授と名のつく連中は、彼の好みには合わない。したがって授業中に当てられても、終始答えないという結果にならざるを得ないのだ。これが教授たちにとっての不幸だったのか、Nにとっての不幸だったのか、今もってつまびらかでない。数人の例外を除いて、仲間の学生ともめったに話すことのなかった彼のこと、とうとう卒業までこのだんまりを押し通した。

天涯《てんがい》孤独、いつも金に乏しかったNの生活ぶりは、奇想天外な着想によって支えられていた。ふとんの用意のなかった彼は、焼却炉から拾い集めた山のような紙くずを神学院支給のシーツでくるみ、ベッドの骨組みの上にのせて寝るという手段をとった。寝起きのたびに、ガサガサと音の出るベッドは、寮広しといえどもN一人、体温で暖められたごみ特有のにおいが、同室のわたしの枕許《まくらもと》まで漂《ただよ》ってくることもあった。

寮は四人部屋で、各自に木製のロッカー一個の割当があったが、鍵の取りつけは禁じられていた。だが奇妙なことに、Nのロッカーの戸だけが引っ張っても開かないのである。他の三つと比べてみても、扉の表面には何の変化も見当たらない。なぜなのか、しばらくはふしぎでしようがなかったが、ある日たまたまその秘密を知る機会に恵まれた。ものを取りに戻ったNが、講義を休んで寝ていたわたしに気づかず、自分のロッカーを開けようとしたのだ。腰を落として両足をふんばり、全身の力をこめて把《と》っ手を引く彼の姿は想像を絶するものだった。すると戸はきしみながらも開いたのである。ロッカー内部の天板に取りつけられた滑車と、ロープの先にぶら下げられた大きな沢庵《たくあん》石とが、一瞬にして謎を解いてくれた。なんとロープのもう一方の端は、扉の内側に固定され、ふつうの力ではビクともしないようになっていたのだ。

まだ物資の乏しかった時代である。当時を知る方はご記憶と思うが、公共の便所に紙の備えつけは一切なく、それぞれ自前の紙で用を足していた。新聞紙をちぎって尻をふいた思い出は、いまだに生々しい。寮の便所も同様であった。紙を買う金のない学生は、その入手に苦慮したものである。

そのことで一計を案じたNは、ある日わたしを町にさそい出した。銀座の三越の角で、三十分後にここで落ち合うと言い残したまま、彼はそそくさとデパートの中に姿を消した。再び現われた時には、手に大きな風呂敷包みを下げている。どういうことなのか、いぶかるわたしに片方をになわせたまま、Nは相変わらずの無言だ。不安にかられた相手を気の毒に思ったのであろう、やがて彼はこともなげにこう言った。

「デパートの男子用個室を上から下まで巡回してきました。紙を抜いて集めたのです」

「泥棒じゃないか、それじゃ――」

「外で使わせてもらうだけのことですよ。この中で使用しろとはどこにも書いてありません。また一人何センチにしてくれという長さの指定もないようです」

「それは屁理屈というものだよ」

「いいじゃないですか、半分差し上げますよ」

そう言われて、あっさりと納得してしまったことを憶えている。


Ｎは今でも変わっていない。新潟の小さな町の片隅で神父をやっている。数年前、所用のついでに彼の住居を訪れたことがあった。駅に降り立ったのは夜の八時、土砂降りの雨である。まさかと思ってはいたが、やはり出迎えにはきていない。さがしあてた玄関でベルを押そうとしかけたら、待っていたようにドアが開いて、Ｎが例の目線で立っていた。

「よく来ましたね、さあどうぞ――」

「どうしてオレだとわかったんだい？」

「天井と玄関の外に鏡が仕込んであるんです。それに映っただけですよ」

わたしが来るまで、Ｎは玄関の中を行ったり来たりして待っていてくれたらしい。そのくらいなら、どうして迎えに来てくれないのかと尋ねると、

「迎えに出れば、もう一度帰って来なくてはなりませんからね――」

と答えたものである。

彼の居室はまさに〝城塞《じょうさい》〟と呼ぶにふさわしいものであった。天井からロープが数本Nの頭上に垂れている。カーテンはガラス戸から五十センチ離したところに、棒を渡して吊してある。換気扇はふつうとは逆の方向、室内に向けてひっくりかえしに取りつけてある。書棚はもちろん彼の手製、寸法は高さも奥行きもピタリと本に合わせてある。全体の構造がこれまた逆、文庫本からはじまって小型のものを下段に並べ、大きくなるにしたがって徐々に上へ、写真集や資料の大型ファイルは最上段に置いてある。中央のストーブの上には、十五リットル入りの巨大なヤカンが五リットル入りのものとともに鎮座ましましている。ざっと描写するとこんな具合になる。以下にN自身の解説を聞いていただきたい。

「ロープを引けば、小机の移動、天井の一部の開閉、天井裏に仕掛けてあるライトの下降が可能です。座ったままでできるんです。

カーテンをふつうに下げたのでは、風が十分に入ってきません。風通しがよく、しかも外からのぞかれないように、窓から離して吊《つる》したのです。

換気扇はふつう室内の空気を外に出すでしょう。それではつまりません。外の新鮮な空気を室内に入れたほうがいい。だからひっくりかえしてつけたのですよ。

書棚の下部を小さい棚にすれば、部屋のスペースがその分広く使えるんですね。

ヤカンは風呂のガス代節約のためです。合わせて二十リットルの熱湯を混ぜると、雪国でも二十分で沸きますよ。ただし風呂場へはこぶ時、ギックリ腰には要注意ですがね」

それから二人でどんなものを食べたかは、ご想像におまかせする。Nの表現を借りれば、「生命に別状ないことだけは保証する」という代物であった。その夜は〝城塞〟の壁際にある名ばかりの長椅子の上に寝かされた。

翌朝わたしは、あまりの寒さに目が覚めて咳こんでしまった。それがきこえたのであろう、隣室から壁越しにNが声をかけてきた。

「起きましたか、話は見えたほうがいいでしょう」

ロープを引くような気配とともに、わたしの枕許のすぐ脇の、壁にはめこまれた鏡が横へ横へと移動するではないか。ポッカリと開いた穴から、ふとんに寝ているNの顔がわたしの目にとびこんできた。和室の四畳半、なんと彼は斜めの向きで、四角い部屋の対角線上にふとんを敷いて寝ていたのであった。

「こうすると、枕許にいろんなものが置けますからね。それに足が入口に向く関係で、侵入者があった時、両足で応戦できるんですよ」

わたしは開いた口がふさがらなかった。朝食のあとしばらくして辞去したのだが、案の定Nは玄関で別れを言っただけで、駅まで送ってはこなかった。

奇人ありき――旧友を懐かしむ想いとともに、この感慨はわたしの心に今も座を占めている。ある時、Nが、こうつぶやいたことがあった。

「前島さん、みんながわたしのことを〝奇人〟と呼ぶ、どうしてでしょうか。わたしは自分のしたいことをして、したくないことはしない、ただそれだけなんですがね」

そうに違いない、ただそれだけなのだ。だが、それが大変なことなのだ。自分のしたいことだけをして、したくないことはしない――これがふつうの凡人にはできないのだ。

これをN自身は当たり前のことと思っている。だから自分が奇人と呼ばれることに納得がいかない。自分を奇人と思っていないところが、彼が奇人であることのたしかな証拠であるのかもしれない。

◇自分の生きたいように生きるための行動原則

したいことをして、したくないことをしないのが奇人なら、したいことができず、したくないことばかりしているのがわれわれ凡人と言えないだろうか。かげではブツブツ言いたがるくせに、常識の壁の厚みにおののいて周囲の流れのままになる。気がついてみると、いかにもそれらしい顔をつくり、もっともらしい行動に終始する自分がそこにある。この点が、自分から動き出せない慣習をもった社会、各人の判断に任せることを嫌う社会、そこから招来する当然の帰結と言えよう。問題のありかは、このしたいことをする、したくないことはしないというところに集約できるのではないだろうか。

したいことをするのは、この社会に生活しているかぎり容易ではない。だが、不可能ではないのだ。Nの場合は極端かもしれない。真似をしろと言われても、おいそれとやれるものではない。しかし、その発想の独自な点に学ぶことはわれわれにも可能なはずだ。

具体的な方策は何か。まず身辺からはじめること——わたしはそう考える。社会的な対人関係の中でこれを実行しようとするのは、この件に関してはむずかしすぎる。初めは自分一人のことにかぎって、日常のささいなことのうちに、何か自身の着想でやれるものをさがすことだ。どんなつまらないものでもかまわない、節水のためトイレの水槽にビール瓶を入れるとか、電灯のスイッチのひもを枕許まで垂らすとか、愚にもつかぬと人の笑うことでもよい。あくまでも自分だけの問題なのだ。その点さえはっきりしていれば、周囲との余分な摩擦を引き起こすこともなくてすむ。

オレは生きている、自分の足で歩いている——これを確かめるには身近な日常の領域で、したいことをしてみるのにかぎる。同時にその数と範囲とをふやしていくことである。そうすることが、いつとはなしに自分から踏み出す姿勢につながっていくかもしれないのだ。

「みんながやっているから」という口実

◇ユダヤの十戒が「あなたがた」でなく、「あなた」ではじまることの意味

ユダヤ教の中心戒律に十戒というものがある。映画にもなっているので、この背景についてはご存知の方も多いことだろう。出エジプト記と申命記《しんめいき》に記載されている行動規範の十カ条で、キリスト教によってその内容が世界中に紹介されたといういきさつをもつ。この十戒には一つの大きな特徴がある。条文がすべて「あなたはしてはならない」というかたち、つまり二人称単数形で書かれていることだ。

およそ法令というものは、一定の集団に対して与えられるものと相場が決まっている。十戒もその例にもれない。対象が集団である以上、条文のかたちが「あなたがた」と複数形になるのが当然なのだが、十戒ではわざわざ単数形が使用されている。

たとえば第六戒は〝Lo-tirtzach〟（ロー・ティルツァッハ／あなたは殺してはならない）という文だが、動詞の活用は二人称単数未完了形を示している。他の条文もすべて同じだ。これはいったい何を意味するのだろうか。

答えは簡単である。他人はどうあれ、あなたは殺してはならないという文意なのだ。他人が何をやるかは関係ない、とにかくあなた一人の問題だというのである。

みんながやっているからという口実が、どんなに人間の心をだめにしているか、説明の必要はあるまい。人は自分の責任を《みんな》に転嫁する傾向をもっている。エデンの園の場面で、禁断の木の実を食べてしまった責任を、男は女に、女は蛇に押しつけた。人類最初の罪は、この責任転嫁にあった。

十戒の条文は語る、他人はどうあれ「あなたは」と。

ノアは山の頂上に箱舟を築いた。山の上の舟――どこから見ても非常識、バカげた行動に違いない。みんなは彼をあざ笑った。しかしノアは、一人黙々と舟を完成させた。創世記に語られる洪水伝説の言わんとするところも、実はこの点にあるのだ。

一人になる、一人で判断する、一人で行動に踏み切る、すべて「あなたは」の発想につながっている。『トーラー』が示唆するこの発想を、少しずつでも生活におりこんでいけたら、事態は進展するのではないだろうか。

集団意識の強いわが国の社会では、一人だけで動き出すことのむずかしさはたしかに大きい。だれも自分から真っ先に手を挙げようとはしない。だがそうであるからこそ、踏み出すことの意義もまた大きいのだ。だれもやらなければ、事態は変わりようがない。まず自分で行動に踏み切れば、それまで曖昧でしかなかった意識もそれにつられてはっきりしてくる。それが徐々にではあろうと周囲に波及する。全体は変わらないなどと最初からあきらめようとしないで、まず自分からはじめることだ。

だれ一人現状に満足していないのに、だれも自分から動こうとはしない――集団の実状というのは、えてしてこうしたものである。やることと言えば、お互いに相手の足を引っ張り合うだけ。標準から少しでも外れそうな者がいると、独走したとか勝手だとか言って、引きずり下ろす。集団意識になど、どだい最初から、たいした意味も内容もない場合が多いのだ。

ならば、あっさりと無視するにかぎる。得体の知れないものにふりまわされて過ごすには、人生はあまりにも短いのだ。りっぱではないにしても、これがオレの人生だったと言うためには、自分一人の足で歩くほかはない。

「～らしく」という生き方に展望は開けない！

◇枠に自分を合わせるだけの、ラクな生き方を選んでいないか

最初のきっかけとして、まず自分の身辺からはじめることと書いた。もう一つこれに付け加えたいのは、「らしい」「らしくなるな」ということである。

辞典によると、「らしい」の語義は次のようになっている。

「……のようだ」「……にふさわしい」「……のおもむきがある」「いかにも……だ」「……の感じがする」「……だろう」

これに従えば、そのものがいかにもそうであるような状態を指すとともに、見る者の期待通りの印象を与えるという意味にとることができる。つまり「らしさ」とは、らしいと受け取る側の推測と期待がこめられているのだ。期待を満足させれば、初め

て「らしい」ということになる。期待に反した場合には、規格に外れたものとして「らしくない」と判定される。

子どもらしくない子、女らしくない女性、これらは周囲が最初から枠を設定して、その枠の中に入ることへの予想や要求がからんだ表現と言えそうだ。この枠づけ、らしさへの期待が、世の中どう見ても過剰であるように思えてならない。

なぜ、「らしく」なければいけないのか。らしくないほうが、はるかに味わい深く生きることにつながるのではないのか。

ロシアの哲学者ベルジャエフは「人間はすべて例外である」と言った。わたしもまったく同感である。一人の人間が生きているということは、例外が一つそこに生きているということなのだ。周囲と違っている、一般の標準から外れている、そうであってこそ人間が生きていると言えるのだ。

枠づけのあること、これはある意味ではやむを得ない。人間が社会に生きている以上、らしさへの期待にさらされるのはむしろ当然のことである。だがその枠からはみ出ることも、また必要なのだ。枠は、そこから人がはみ出るためにあると言ってもよい。例外への指向――これがあってこそ、人生はまさしくその人のものとなる。親が子どもに「らしさ」を要求し、周囲と同じような枠づけをするようでは、子どもに自立心など育ちようがない。

◇「らしさ」にこだわる人がおかしやすい二つの過ち

らしさには、二つの落し穴がある。一つは、らしさを好む人ほど他人への要求が度を越えて強くなることだろう。「あなたが○○であるなら、当然こうなるはずだ」ときめつける。「あるなら」というのは、この場合「○○らしくあるなら」の意味と見てよい。「妻ならばこうしてくれて当然だ」「彼氏ならそのくらいするのが当たり前よ」などと思いこむ。

しかし、現実には相手がそうならないのを知って愕然《がくぜん》とする。あげくの果てに、わめき出す。まことに始末に負えない。

つまりは、虫ピンで標本を作るときのように、身勝手な期待の押しつけで相手を〝らしさ〟に固定する愚を犯すことになるわけだ。

もう一つは、外見の装いにふりまわされる結果、目に見えないものへの関心が薄れてしまうことだ。

やたらに目につきやすいものだけを追い求めて、奥をたずねようともしない。顔ばかりを見ようとして、背中を忘れるということなのだ。肝心の心よりも、相手のことばや態度のほうによりこだわる傾向に走る。気がついた時には、〝らしさ〟のとりこになっていて身動きがとれない。

他人はどうあれ「あなたは」の発想について、自分なりに検討を加えてみていただきたい。何もかも、すべて周囲のやり方に合わせていて、本当にそれでいいのだろうか。どんなに小さくてもいい、「これがオレの人生」と言えるものをあなたが導き出せたなら、常識というものへのかかわり方も、おのずとまた違ってくることだろう。

十八世紀のユダヤの民話に、こんな話がある。

わたしが死んで裁きの場に立たされたら、こう答えるだろう——とエリメレクは言った。

判事A「正しく行なうべき場面で、お前は正しく行なったか？」——「いいえ」

判事B「人にやさしくすべき時、お前はやさしくできたか？」——「いいえ」

判事C「勉強の必要な分だけ、お前はきちんと勉強できたか?」――「いいえ」
判事D「祈るべき時、お前は十分に祈ったと言えるのか?」――「いいえ」
するとと主席判事(神)は、微笑みを浮かべてこう言うに違いない。
「エリメレクよ、お前は真実を語った。それだけでも、お前は来世の分け前に値する」

5章

人のためより、自分のために動け！

人間関係の基本を見直せ！

◇〝見ず知らずの他人〟でも、言うべきことは言わなければならない！

海外で航空機の墜落事故があったような場合、ニュースで必ずと言っていいほど報道されるのが、「乗客の中に日本人はいない模様です」という一言である。ひと頃は、「さいわい」という接頭句までついていた。それ自体、別におかしくはない。留守家族にとってみれば、このうえなく親切な報道なのかもしれない。だがこれを聞くたびに、何となく釈然としないものを感じてしまうのだ。日本人が乗っていれば大ニュース、そうでなければ他人事《ひとごと》というような感じを受けるのだが、それはわたしの思い過ごしだろうか。

ニュースというものは、事実を正確に報道することが第一義だが、同時に内容の取捨選択や解釈の視点などに、各局の独自性のあることが望ましい。どの局でも「日本人はいない模様」とやられると、まずそこで嫌になる。そのうえ、いるいないの区別が何となく鼻につく。いない場合にはやたらとそっけない。それほど差をつけるつもりなら、いっそのこと報道しなければどうだと言いたくもなる。

それはともかくとして、知り合いがいるかいないかで、極端な区別をつけるのが日本人社会の癖ではないだろうか。そうする必要があるとも思えない場合でも、お互いを知っているかいないかによって、態度までガラリと変わる傾向があるように思えるのだ。

小児科の待合室でのこと、五歳ぐらいの男の子が今やいたずらのし放題。乳児用のベッドに上ったり、子ども用の椅子で通路をふさいだり、そなえつけの絵本を床にばらまいたりと、すこぶる元気がいい。狭い部屋に溢《あふ》れそうな病人たち、子どものいたずらとはいえ度が過ぎている。その子の母親はと見ると、編みものに熱中していて気にする様子はまったくない。ここはひとまず、お前の出番と自分に言いきかせた。

「坊や、その本をもとへ戻しなさい」とわたし。

男の子はびっくりした様子だったが、それでも素直に片づけを開始した。するとくだんの母親は編みものの手をとめ、目を上げるなりわたしの顔をキッとにらみつけて言った。

「他人のくせに、母親の私をさしおいて、よくもひとの子に命令できたものね——」

「いいえ、けっしてそんなつもりでは……」とわたし。

「だいたいあんたのような人がいるから、ウチの子が熱を出したのよ！」

とうとう病気の原因になってしまったわたしは、ここでしばらく黙考した。彼女の怒りの焦点は、そもそもどこにあるのか。もちろん、横から口出しをした男の顔つきが、どことなく不愉快であったことはたしかだ。大事な息子に文句をつけられたことか、それもあるだろう。だが、どうもそれだけではないような気がする。

わたしが彼女にとって、見ず知らずの他人であったことが、おそらく最大の理由であるように思えるのだ（仮にわたしが、その子の幼稚園の先生であったら、事情はまったく一変するに違いない）。知り合いか、あるいは未知の他人か、この区別の意識が要因として働いていたのではないだろうか。さらにこんなこともあった。

わたしの住む街のデパートには、エレベーターが二基そなえてある。上の階に上がろうとしてボタンを押したのだが、いっこうに下りてくる気配がない。やっと動き出したかと思うと、次の階で延々と止まっている。いくら何でも普通の状況ではなさそうだ。その日は一基だけしか作動していなかったので、イライラして待つほかはない。階ごとにかなりの時間をかけた末、やっと目の前の扉が開いた。小学五、六年生とおぼしき少年が三人、けたたましくとび出してきたのである。

「そこへ並びなさい！」わたしは思わず言ってしまった。「エレベーターはね、君たちのおもちゃじゃあないんだよ。おかげでみんな困っていたんだ。わかるだろう――」

三人はふしぎそうにわたしを見つめ、それからヒソヒソと互いにささやき合った。

「ネ、この人知ってる？」「ウウン、知らない人だよ」「へんだね、知らない人なのに……」

わたしは唖然として三人を眺めた。知らない子どもに口をきいてはいけない決まりでもあるのか。気がつくと、周囲に人だかりができている。大人が子どもに注意するのが、今ではめずらしいことなのだろうか。さらにびっくりしたのは、見物人の目つきだ。子どものいたずらに目くじらを立てて、なんと大人げない男なのかというような軽蔑のまなざしでわたしを見ている。わたし一人だけが、その場の雰囲気からかけ離れた異様な人間として、浮き上がっていたのだった。

◇見知らぬ人への仏頂面——これがあなたを小さくしている

知らない人に対しては無関心を装《よそお》う、いつもそうだということではないにしろ、そうした妙な習性があることもたしかである。

外国を旅した方はご承知と思うが、彼らは実によく挨拶を口にする。買物をしてもお客のほうが「ありがとう」、人にぶつかれば「ごめんなさい」、いちいち会釈する。それがいとも自然に身についている感じだ。外国の習慣で真似たくないことも数多いが、こういう気持ちのよい振舞いなら、ためらわず取り入れてみたらどうだろう。

見知らぬ他人に対する仏頂面——これがどうも日本人の特徴であるように思えてならない。近頃は挨拶のできない子どもが増えてきた。悲しいことである。なぜだろう、理由は明らかだ。親が挨拶をしないからだ。ふだんからお礼やお詫びをなおざりにしている親たちを見ていれば、子どもがしなくなるのも当然だろう。

知らない人を区別する姿勢は、ひっくりかえせば知っている者をやたらに大事にするという姿勢につながってくる。多数の参会者《さんかい》がいるにもかかわらず、知り合い同士が固まって動こうともしない、立食パーティなどでよく見かける光景である。これでは初対面の人たちと知り合うチャンスもふいになり、集会そもそもの目的も果たされずに終わってしまうだろう。

自分の中に隠れている〝人見知り〟(閉鎖性)の克服法

◇なぜ知っている人だけを大切にするのか

知らない人を徹底して無視する、知っている者だけをやたらに大事にする——こうした傾向を助長する要因はどこにあるのか。

日本人は自分の意見をあまり言いたがらない。親しい間柄ならともかくとして、初対面ともなるとほとんど言わない。言うとぶしつけになるとさえ思う。何を考えているのかわからない、という外国人の評が生まれるのも、このせいだろう。

したがって相手も自分と同じで、意見など言うはずもないと思っている。意見を出さない人間に興味をもてるわけがない。だから、他人には最初から興味がもてないということになる。他人に対してまともな興味を示さない生活習慣、どうもこの辺に問題があるように思えるのだ。

世に親たちの授業参観というものがある。小学校で教員をしている卒業生が訪ねてきたおり、わたしはそのことについて質問してみた。教師の立場から見て、何がいちばん気になる点かという現場の声を、きいてみたいと思ったからだ。

「そうですね、全体を見ようとしないことです」と彼は答えた。

「終始自分の子どもばかり見ているんです。ほかの子には、ほとんど興味を示しません。中には違った親もいることはいますが……懇談会での発言と言えば、『うちの子はどうしたらいいか』というたぐいの質問が多いんですよ」

自分の子にしか興味を示さない親、ひょっとすると自分もそうかもしれないと気になるところだ。もちろんどの親も、わが子の様子を知りたいと思って学校へ足をはこぶ。だが自分の子ばかりに注意を向けていたのでは、彼の置かれている状況そのものを見落としかねない。囲碁を例にとれば、部分定石にこだわって、全局を顧《かえり》みず石を打ち下ろすのと似たことになる。全体の状況そのものを把握しなければ、最初から授業参観の意味はない。

◇〝他人の口出し〟――身内意識を外から見ると……

このような興味の狭さは、身内意識としてしばしば経験されることだ。夫婦であるにもかかわらず、相手の親族のことにはほとんど興味を示さない人もいる。自分の親兄弟や親類には努めて心遣いをするくせに、配偶者の親族のこととなると自分からは何も気づこうとしない。気づいたあとでも、おざなりの関心しかもとうとしない。つまりは興味が初めからないのだ。こういう傾向はだれにでもあるので、よくよく自戒したいものである。

他人から身内の欠点を指摘されること、それだけは我慢がならないというのも身内意識の特徴である。たとえ口先では、自分の身内をやたらにけなしたがる人がいても、それこそ信用はおけない。「うちのオフクロ、本当にだめな性格なんだよな――」と言う相手に向かって、うっかり「ウン、まったくそのとおりだな」などと言おうものなら大変だ。たちまち険悪な空気が、お互いの間に漂いはじめることは必定、まずもって調子を合わせないに越したことはない。

自分が身内をけなすことは棚に上げて、他人がこれに同調すると怒り出す。このふしぎな現象の裏には一体何があるのか。他人の目は異常なまでに気にする、しかし他人には興味をもたない——この奇妙な二重構造が、問題の中心にあるように思えるのだ。

他人が自分をどう見たか、いつもこればかり気にしている。そのくせ前に触れたとおり、他人には一切の興味を示さない。示したとしても、儀礼的なおざなりの挨拶程度にしかすぎない。

もともと興味も関心もないのだ。自分がそうであるのだから、他人も自分に対してそうであると思いこむ、そこがポイントだ。それなのに無遠慮な口出しをした、無神経な奴だと腹を立てる。興味のない相手だから無視してかかればよいのだが、そうはいかない。他人の目をやたらに気にする習性が、そこに余分な反応をもたらすからである。これが、他人の目は気にするくせに、他人には興味をもたないことの帰結なのだ。

こうした身内意識が作動する範囲は、何も親族の中だけとはかぎらない。友人仲間やグループにおいても見られるが、こちらのほうが意識の強さと閉鎖性の点では、むしろ上になることもあるのだ。

外国の映画俳優には日本人のインタビュー下手がよく知られている。一部の例外を除いて、司会者と称する者の大部分は、ゲストに対する態度がなっていない。ろくに聞きもしないうちに相手の話の腰を折る、自分のほうから愚にもつかないことをしゃべりたがる、また自分があらかじめ用意した答えの中に、相手を強引にもっていこうとする。わざわざ呼んでおきながら、相手に興味を起こそうともしない。というよりは、初めから自分たちの狭い興味の枠があり、その範囲内でしかものが言えないということだろう。

相手が外国人である場合は、これが一段とひどくなる。質問内容のレベルの低さ、その発想の貧しさには、ほとほと愛想が尽きる。「日本の印象はどうですか?」「日本の女性をどう思いますか?」など、型にはまっていること自体も問題だが、内容がほとんどナンセンスに近い。だいたい初めて来日したばかりの相手をつかまえて、国や女性の印象を聞いてどうなるのか。

だが、猫も杓子《しゃくし》もこれをやる。なぜであろう。目が自分たちのほうにばかり向いているためだ。相手のほうにはさっぱり向かない。おまけに相手が自分たちをどう思うかということだけは、やたらに気にするくせがあるので、このような質問の型ができるのだ。これは質問のようでいて質問ではない。相手自身の内容について、もっとよく知ろうという姿勢に欠けているからだ。

◇〝心の通じ合える他人〟がなぜ育たない？

こう考えていくと、われわれ民族の特徴とも言える一つの点が露呈してくる。いわゆる「人見知り」ということだ。自分と他者との間に、頑丈な垣根を設けて、むこう側からこちらには一歩も踏みこませない。またこっちから踏み出していくこともない。ただしこの垣根がふとしたきっかけで取り外されると、百八十度態度が逆転する。垣根がとれたのだからもう他人ではない、察して通じる相手になったと思いこむ。こんどは打って変わってベタベタしはじめる。その中間というものが、どう見ても抜け落ちているとしか思えない。

ひょっとして、日本には他人というものが厳密には存在しないのではないだろうか。あるのは身内同然の知りびとか、自分とはまったく無関係の赤の他人がいるだけで、たんに他人同士という関係が極端に薄いのだ。身内意識に抱きこまず、しかも心の通じ合える他人というかかわりが、なぜか育ちにくい。また、自分自身が、だれかに対する他人になることもむずかしい。互いに相手におもねることなく、考え方の違いを主張し認め合う、そういう親しい他人がなかなかもてない。ベタベタの間柄か、それとも赤の他人か、そのいずれかになってしまう。すべては頑丈な垣根のなせる業なのだ。

この垣根、おいそれとはなくならない。だがなくせるものなら、それに越したことはない。自分の中にある閉鎖性をなくし、心を自由に開くための方策を、もっと真剣に追い求めてみたいものである。

"他人"と"自分"との距離をどうつかむ？

◇ユダヤ流　"施し"の知恵

ユダヤ教の祈禱書《きとう》に、『施《ほどこ》しの八段階』という箇条が載っている。人に何かをしてやるとき、そのやり方によって、行為の値打ちがピンからキリまで違うという。それを八つにまとめて順に並べたものを、ここに引用してみたい。値打ちの低い段階からより高いものへという表にする（原典『ミシュネ・トーラー』（第二のトーラー）マイモニデス著（十二世紀）では、この番号と順序が逆であることをおことわりしておく）。

1　プンプン怒りながら施す

2　ニコニコしながら、しかし自分ができるよりもはるかに少ないものを施す
3　くださいと頼まれてから、相手に施しを手渡す
4　頼まれなかったが、すすんで自分から施しを手渡す
5　受ける側は与える人がだれであるかを知っている、与える側は受ける人がだれであるかをまったく知らずに施す
6　受ける側はだれが与えたかを知らない、与える側は受ける人を知っていて施す
7　だれが与えたか、だれが受け取るか、互いにまったく知らない
8　困っている人が自分で自立するのに必要な手助けをする。たとえば、独立するための金を貸す、自分と組ませる、職を世話する

個々の優劣のほかに、全体として6までは低いほうのグループ、7と8が高いものとしてランクされている。きわめて具体性に富んでいるところが、いかにもユダヤ流である。説明の必要もないくらいだが、要点だけ拾ってみよう。

1はよくあることだ。せっかく何かをしてやっていながら、ブツブツ文句を言いはじめる。相手の存在が恨《うら》めしく思えてくる。しまいには、やっている当の自分にまで

腹を立てる。それなら初めからしなければよさそうなものだが、これでも施しは施しだというところが面白い。

2は中途半端でかなり偽善的なもの、だれにも覚えがありそうなことだ。3と4とは、自発性という点で相当な隔りがある。このあたりまではわかりやすいが、5と6との差はちょっとややこしい。

受ける側が与える人を知っている（5）のと、受ける側は与える人を知らない（6）ことと一体どこが違うのか。与えた人がだれであるかを相手が知っていれば、感謝の気持ちが与えた人に向けられるということであろう。たとえそれが具体的にわからなくとも、自分が特定の人間から感謝されているという事実は残る。逆に6の場合だが、だれがくれたのかを相手が知らなければ、与えた人は自分で満足するだけ、本人には何も返ってはこない。ここのところの違いだろう。

7となると、これはもう徹底している。お互いに相手を知らないのだから、さばさばしたものだ。仮に二人が道で顔を合わせたとしても、気を遣う必要がない。

昔、エルサレムの神殿には〝秘密の部屋〟というのがあって、贈りものが山と積まれていた。困っている者は必要なものをそこから自由にとることができた。無灯の部屋なので、だれが持ってきたか、だれが持ち出したか、わからないようなシステムだ。これなどは7を具体化した好例だろう。

最高級の施しが8となる。何かを与えてさようならという段階から、はるかに抜きん出たレベルだ。本人を自立させる、つまりもう施しなどに頼らなくてすむ状態になるように、あとのことまで考えた手助けをする。とくに「職を世話する」という点が、具体的でわかりやすい。たとえば、世界の先進諸国が発展途上国への援助を行なう場合にしても、ただ金や食料を送りっ放しにするというだけではなく、こうした点にももっと留意すべきではないだろうか。

◇ユダヤ流「振り子発想」の〝真面目〟

人を他人として扱うことの大切さ、それをポイントとするこの節で、なぜこの八段階を引用したのか。それはユダヤ流の振り子認識が、他者と自分という関係をここで見事に位置づけているからである。

施しが問題にされる場合、ふつうは与える側にだけ関心が集中する。与える者の意図から具体的な方法にいたるまで、すべては与える側を中心にして一方的に考えられてしまう。受ける側の事情など、実際にはほとんど考慮されないことが多い。ところがこの八カ条では、問題にされているのが与える側ではなく、むしろ受ける側に関心の比重がかかっているのだ。とくに最高段階の8がそうだ。振り子はもろに他者のほうにふれている。ということは、まともな興味が他者に向けられていることなのだ。興味が十分にもたれてこそ、初めて人を《他人》として扱うことが可能になる。

世に、くどくどした説明ほど味気ないものはない。わかりきった内容について、一から十までくどくどと説明したがる輩《やから》がいる。相手の理解度を無視しているとしか思えない。他人に興味がもてない人ほど、この傾向が強いようだ。というのは、説明したがる姿勢は、相手よりもむしろ自分への興味だけに終わっていることが一般的だからだ。そのうえ、説明過剰だけならばまだしも、説明することが親切の表われであるかのようなしたり顔をされると、これはもう我慢がならない。大事なことは、自分のほうにだけ向かっている振り子を、他者にふり向けることである。

人間、何から何まで説明するばかりが能ではないのだ。ある程度相手を理解できていれば、説明のことばも少なくてすむだろう。説明がやたらにくどいということは、相手をまるで信用していない――わかっていない――という証拠である。それは興味をもたないことの帰結でもある。これとは逆に、相手になるべく知らせない、あまり説明しないでおくという態度は、相手のことをよくわかり、信頼していればこそできることなのだ。それを可能にするものが、振り子運動の認識論であり、人を他人として扱う発想なのである。

◇自分の意見を正面からぶつけよ、〝察しのよさ〟に頼るべからず

人と対話をするのが不得手だ、何を話題にしたらよいのかわからない、という声をよく耳にする。それは相手に興味がないために起こる現象なのだ。興味がないから、相手についてより深く知ろうともしない。その目的で質問を浴びせることもない。また相手の意見に対して、正面から自分の意見をぶつけるなどということは極力避けたがる。相手の言うことには、初めから機械的に何度もうなずいてみせる。それで賛成なのかというと、別にそういうわけでもない。むだな対立は避けたいということ以外に、どだい興味は湧かないのである。これではまともな対話の成立など、望むほうが

無理というものだ。

自分のほうから説明しなければなどと考えるのは、それこそ余計な心配というものだ。そういうときは、何でもかまわない、相手のことについて質問すればいいのだ。そうすれば相手のほうが説明してくれる。こんなに楽なことはない。「話し上手は聞き上手」と言うではないか。相手に興味さえあれば、質問の材料は容易に浮かんでくるはずだ。興味があるかどうかは、質問をするかしないかによって計れるというものだ。

まず手はじめに、興味をもつことを考えてみたらどうだろう。対象は広ければ広いほどよい。ふんだんな興味こそ若さのバロメーター、興味が薄くなっては人間おしまいなのだ。ともかく興味をもつこと、なければ無理にでも起こすこと、それが人生を豊かに過ごす秘訣である。

日本人の長所の一つは、察しのよさにある。だが長所は同時に短所なのだ。親しさにことよせて、〝察し〟という狭い射程範囲に相手を封じこめる、この点で反省の必要はないものか。察したつもりになるために、興味も湧かないのだ。察しも時によりけり、もっと人を《他人》として扱ってみたらどうであろう。

他人の意見に簡単に〝同調〟しない

◇他人の目にふりまわされて自分を見失いやすい人へ

最後に残された問題点は、他人の目をやたらに気にするということである。自分が人の目にどう映るか、自分の言動について人が何を言うか、そればかりを気にして身動きがとれない。何か自分で発言する時には、まず人の思惑が気になる。人の反応を前もって予測し、それに合わせて行動を起こすようになる。この点をどう考えたらよいのか。

こうした傾向は、多かれ少なかれ、だれにでもある。とくにわれわれ日本人には、根深い習性となって染みこんでいると言えよう。そこから生じる行動様式は、まず自分自身で考えなくなるということだ。自分で判断しようとはせず、人がどう思っているかをまず初めに知ろうとする。それを確かめたあとで、やっと自分の考えらしきものをもとうとするにすぎない。その結果、他人の意見に簡単に同調したり、ふりまわされたりする傾向に陥る。

また人から非難されることを恐れて、なるべく無難な判断を自分の中に作ろうとする。となると、常識に従うことがいちばん無難であるから、わざわざ自分で考えるまでもない、常識的な線でいこうということになる。これではいつまで待っても、自分の思考や判断が充実してくるはずもない。

料理の出し方の習慣がそのいい例だ。日本料理には本来メニューというものがない。電話で予約をとる際に、必要なのは日時と人数だけである。あとはせいぜい値段ぐらいのものだろう。席についた客は、ただひたすら出されたものを順に腹におさめる。全員がそろって同じものを食べる。普通の店でも原則はそれほど変わらない。定食というものがあり、コースで〝一人前〟という内容が初めから決まっている。いちいち自分で考えなくてもすむわけだから、客はこのほうがはるかに安心できるのだ。客の個人的注文に応じる時には、とくに〝お好み〟という用語まで存在しているから面白い。

西洋料理となるとそうはいかない。グループで行っても、客は一人ひとり馬鹿でかいメニューを渡される。若い世代ならある程度慣れてはいるが、年輩者にはひどく気の重い瞬間だ。前菜からはじまってスープの種類、料理はもちろんのことワインにいたるまで自分で決めなくてはならない。メニューに目を走らせながら気もそぞろ、しまいにめんどうになって「何にする?」と連れの注文を確かめたうえで、「じゃ、ボクもそれと同じもの」ということになる。その席に目上の人が一人でもいると、その人の注文したメニューに全員右へならえという現象すら起こりかねない。定食式のほうが性に合っているのだ。

◇あなたは人のためでなく、「自分のために」生きているのだ

さて、人の目にどう映るか、この枠を乗り越えるには、自分の思ったとおりにズドンといくほかはない。人間最終的にはありのままの自分しかないのだから、ありのままの自分をさらけ出してやることが、この枠を突破するただ一つの道である。人が自分をどう見るかは、見る人の自由なのだ。気にしようと気にしまいと、結局は同じこ

と、ならば気にする分だけ時間のむだだ。ズドンと行って仮に結果が悪かったとしても、人の思惑を気にして己れを失うよりはずっといい。

男が女をデートに誘う。相手に嫌な思いをさせたくない、そう思いこみ、いちいち女の意向を確かめようとする。

「どこに行こうか？」「何を食べる？」「ここに入る？」

こうやられたのでは、女のほうはうんざりだ。

（うるさい男、自分で決めてくれたらいいのに――）と内心ではひそかにこう思う。これではまるで逆効果、こんな気配りなら、ないほうがまださっぱりしている。

愛は工夫するという。興味さえしっかりもっていれば、相手にきかずともある程度までは工夫が働くはずだ。それができないとしたらエスコートの資格は不十分、顔を洗って出直したほうがいいだろう。くどくどと連れの気持ちを確かめたりしないで、自分のできる範囲で工夫をこらし、あとはズドンといけばいい。たとえそれが相手の希望から外れていたとしても、それはそれで必ず通じるものだ。このことは、さっきの説明過剰とも共通している。要は中身の問題なのだ。

ありのままにさらけ出してズドンといくこと、人間に必要な行動の原理はこれしかないとわたしは考える。そこに至る手段として、どのようなものが有効であろうか。一つには、人のためにしないという姿勢を保持することだ。

「お前のためを思ってやったのだ」と露骨に言う人がいる。あなたのことを心配している、そういう思わせぶりを態度でほのめかす人もある。どちらも考えものだ。やることはやっていい。ただし、相手のためにしないことだ。少なくとも、人のためにしているという意識を取り払うことである。

それがむずかしい場合には、自分のためにやることだ。そうすれば、相手の反応に無用な期待をかけずともすむ。無理して自分を善玉に仕立てることもなくなる。また結果が思わしくない時でも、相手のせいにする必要がない。自分が悪《あく》になれるからだ。この悪になるという点が、人のためにしないということの最大のポイントなのだ。

ダビデは竪琴《たてごと》の名手であった。サウル王が神経症の発作に悩むたびに、琴をとってひそかに王の狂気をなだめていた。戦いになり、ペリシテ軍の豪傑ゴリアテとの一騎打ちに勝ったダビデは、歓呼の声をもって全軍の将兵に迎えられる。王は皆の前でダビデに尋ねる、「若者よ、お前はだれか」と。

王の狂気は極秘事項だった。側近だけはそのことを知っていた。ダビデが発作のしずめ役であることも知っていた。だが王も側近も彼のことを知らないふりをする。もしここでダビデが「今さらなんで名前をきくのですか」と文句をつければ、王の狂気は全軍に知られることになる。そう答えてもふしぎはないのだ。しかしダビデは答える、「あなたのしもべ、ベツレヘムびとエッサイの子です」と。ダビデが語り終えた時、王子ヨナタンは自分の命のようにダビデを愛した、とサムエル記の著者は結んでいる（上18章1）。

　このときダビデは、言いたいことのすべてを語り尽くした。無理をしてことばを控えたのではない。側近や王に対して気がねをしたわけでもない。自分が自分自身に対して、言いたいことを言ったのだ。それも自分のためにやったのだ。恩を着せようという魂胆など、彼の心にはみじんもない。あるのはただ、すべてを語って沈黙するという姿勢なのだ。「ダビデが語り終えた時」とあるのは、そのことを示唆している。

　自分の言いたいことしか言わない、そのあとにくる決然としたことばの中断、この沈黙が一瞬にしてヨナタンの心を打った。父王の恥が今にも知られることになるかもしれない、息を殺して見守っていた王子の心は、ダビデの沈黙で満たされる。二人は互いに生涯の友を得た。

ズドンといくためには、すべてを語るという姿勢が望ましい。そのうえで、この沈黙の深さをしっかりと心に刻みこむことである。

6章

「わかったつもり」で手を出すな！

人生の「味わい」が本当にわかる人

◇人間のもつ五感――何をどう信頼すべきなのか

人間がものを認識しようとするとき、最初に働くのは五感である。五感は分業になっていて、それぞれの役割分担が決まっている。対象が形か音か匂いか味かによって、われわれの感覚能力もそれに見合った器官を働かせることになる。そのどれもが本来重要な役目を果たしているのだが、人間のほうではけっこう勝手に優劣をつけているようだ。中でも視覚や聴覚が高級感覚と呼ばれ、他の三つが一段低いものとしてランクされているのが相場だ。論より証拠、〝視聴覚教育〟ということばもあるではないか。

芸術の分野では、絵画や彫刻、それに音楽がいつの時代にももてはやされる。しかし、舌や鼻による芸術にはどんなものがあるかときかれると、急には答えられない。酒の銘柄を舌で当てたり、香の種類を嗅ぎ分けたりという技術があっても、芸術扱いはされていない。これが芸術として認められるようになるには、まだまだ時間がかかりそうだ。その名称ですら、聞酒《ききざけ》・聞香《ぶんこう》と呼ばれ、聴覚に関連づけて呼称されているくらいだ。なぜ味酒・嗅香ではいけないのだろう。これは不当な差別ではないのか。

そこで思うのだが、ある民族が五感とのかかわりにおいて、どのような反応を示すかを知っておくと、そのお国柄を理解するのに役立つのではないだろうか。つまり人間の基本的な感覚能力のうちで、どれが好まれ、どれが嫌われているかを明らかにすることによって、その民族の認識構造の特色が、意外によく見えてくるのではないかと思うのである。

われわれ日本民族を例にとれば、視覚を大切にし、触覚を苦手とする癖があると言えそうだ。日本語では《見る》という動作を軸にした表現が、日常生活の至るところに顔を出している。

結婚の前には「見合い」をする。決して話し合いとは言わない。「見て取る」「見極める」のが認識の方法であり、「見識」の豊かな人が「見解」を述べたりする。「見学」

して歩いて「見聞」を広める。「目上」に対しては尊敬のあまり「目を伏せ」たり、「見境」のない「目下」を「見放し」たりする。

ちょっと考えただけでも、これだけ並んだ。見ることが、いかに「見事」に根深く行動の基盤になっているか、「見当」がつくというものだ。

他方《触る》ということになると、きわめて遠慮がちになる。異性に飲み物を手渡すときなど、お互いの指が触れないようおのずと気を遣い合う。握手の習慣やご婦人のエスコートなど、戦後やたらに欧米の風習が取り入れられたとはいうものの、まだ何となくぎこちない。

その昔、天皇の手首に結ばれた糸の端を握って、侍医《じい》がふすまのむこうで脈をはかったという話を、明治生まれのお年寄りから聞いたことがある。他人の体にじかに触れることに、いまだに抵抗があってもおかしくはないだろう。よく外国人がやるように、出会いや別離の時に見せる気軽な抱擁《ほうよう》など、ここ当分の間は一般化されることはないだろう。この点で、たしかに世代間の落差が激しいということもあるが、基本的には触るのが苦手と言っていいのではないか。

手を使う触覚ほど顕著ではないにしても、舌による味の感覚も、あまりいい扱いは受けていない。というよりは、無視されていると言ったほうが適切だ。しかし考えてみれば、それはふしぎでも何でもない。もともと日本には、食い物のことをとやかく言うのははしたないという伝統があるのだ。「武士は食わねど高楊枝」である。「これはうまい！」などと口に出せば、いつもきっとまずいものを食べているんだろうと思われかねない。だから言わない。世界でもすぐれた味覚をもっている民族のわりには、味そのものへの反応に乏しいということになる。

また「早飯早糞芸のうち」と言われる。ゆっくり食事を楽しむどころか、終始黙々と食物を胃袋に流しこむことが、昔から美徳とされてきた。世界中で日本ほど食事にかける時間の短い国はあるまい。プラットホームの立ち食いそば屋は言うに及ばず、社員食堂でドンブリ飯をかきこむサラリーマンなどはこの典型だ。

◇視野の広い積極姿勢を身につけたければ……

この辺で、味覚の役割をもう少し見直したらどうであろう。味覚は何も食べ物のことだけにかぎらない。もっと広い範囲で、生活全般にわたって微妙な影響を及ぼすのである。趣味ということばがあるように、人間の心にうるおいを保つには、味わいを大事にする姿勢が必要なのだ。

ご存知のように、知的人間という意味のことを、ラテン語で Homo sapiens（ホモ・サピエンス）と表現する。sapiens（知的な）という言葉は、sapere サーペレ（味わう）という動詞の現在分詞の形に当たる。名詞のほうも sapor サポル（味）と sapientia サピエンチア（知恵）が同根になっている。つまり味わうことと知恵の働きとは、同一のこととして扱われているわけだ。Homo sapiens とは文字どおり《味わう人》という意味をもつことが、語源からわかる。味わいのわかる人、味わうことを知っている人が、本来のホモ・サピエンスなのだ。

人間の知恵は、味覚とともに発達する。いっそのこと、子どもに「勉強しろ」などと言うのはやめにして、うまいものをふんだんに、種類豊富に食べさせたらどうだろう。生まれ落ちて間もない頃から、人間は何でもしゃぶろうとするではないか。味覚を育てることは、人間の基本的欲求にも応じることなのだ。そのほうが、知能の発達にははるかに有益なことであろう。

もしも、視野の広い積極的な姿勢を身につけたかったら、とりあえず舌を訓練するにかぎる。それが知恵の味わいに到る確かな道であるからだ。

『タルムード』の小篇『アボート・デ・ラビ・ナタン』に、ラビ・アキバ（二世紀前半の最高指導者）のことばとして次の一節が載っている。

もし人が、自分の体質に合わない食物を採るならば、三つの掟を犯すことになる。

1　自分自身を恥ずかしめる

2　その食物を恥ずかしめる

3　そして、意味もなく祝福《ベラハー》（食事前後の感謝の祈り）を唱えたことになる。

〝知恵の手触り〟とは何か?

◇「手でものを見る」ことのできる人

わが家に親しく出入りする人の中に、杉本信雄という名のベテランの大工さんがいる。秋田県生まれ、体は大きいが丸顔で、今でも、どこか少年のような雰囲気を漂わせている。職人肌の男で、頭の回転が実に速く、仕事にはこよなく厳しい。なぜか彼とはウマが合う。全面的に信頼しているので、工事を頼んだ時には余計な口出しは一切しない。すべて彼に任せっきりである。またそのほうが、わたしの予想をはるかに超えたよい仕上がりとなるのだ。

小さな修復を依頼したおり、たまたま彼の仕事ぶりに立ち会って興味をひかれたことがあった。天井をじっと見つめ、次に材木の中から一本をスッと抜きとる。それが寸分違わず、必要な箇所にピタリと合うのである。物差しを当てずに、どうしてそううまく選べるのか、杉本さんはこう説明してくれた。

「そりゃ旦那、オレが手でじかに触ってるからだよ。頭と目だけじゃダメだね。手が覚えていてくれるんだよ――」

そういうことなのか、と思いもかけない答えにいたく感心した覚えがある。わたしのように終日机に向かって頭ばかり酷使《こくし》している人間には、とうていもつことのできない感覚だろう。それどころか、手の役割をふだんから軽く見ているため、ものを正確に認識するという面で、大切なものを見落とす結果になっているのかもしれない。杉本さんのことばを噛みしめているうちに、ふとそういう気がしてきた。

◇「癒す」のも〝手〟だが、「考える」のも〝手〟だ

自分の体にじかに触れてもらいたい――この欲求がことのほか強いのは、病に臥《ふ》せっている人ではないのだろうか。先日も闘病中の知人を見舞ったおり、彼はパジャマの胸をはだけて、やせ細ったあばら骨をわたしに見せた。グリグリがここにできてい

る、触ってみろというのだ。

当方としては、できれば見たくない。不治の病であるだけに、よけいにつらい。だが彼は、こちらが手で触れるまで、そのままの姿勢でじっと待っていたのだった。この場合のわたしの躊躇《ちゅうちょ》は、どこから見てもよくない。ためらわず手を、腫《は》れものの上にしっかりと乗せてやるべきであった。手のひらが痛みを吸い取るところまではいかないにしても、多少なりとも軽くすることはできたであろう。

病人の苦しさは、世界中で苦しんでいるのは自分だけと感じるところにある。病気そのものの痛みもさることながら、この痛みをだれもわかってはくれない、という孤独感のほうがさらに苦しい。手のひらでじかに触られることによって、その思いがいくぶんかはやわらぐのだ。とすれば、病人の見舞いに役立つのは口ではなく、むしろ手のほうではないだろうか。

ところで、手を使うことのいちばんの効用は、何と言っても知能を刺激することだ。最初の話にもどるが、杉本さんの頭のよさの秘密は、手を動かす仕事を彼が職としているからというのが実感である。手で見て、手で計り、手で釘を打つ、一連の作業はすべて手がとりしきっている。手をリズミカルに動かしながら考える、その時の彼の目は実に生き生きとしたものだ。ある時、手を怪我して二、三日仕事を休んだことがあった。手が動かせないと、頭の働きもにぶくなるのか、その時の彼は見る影もなかった。

また、ある年の連休に、義姉が気を利かせて、今は亡き老母を三日ほど引きとってくれた。さすがに現役の看護師だけあって、まめで面倒見のいい義姉である。それこそ至れり尽くせりの歓待ぶりであったらしいが、老母を送り届けてきたおりに、面白い報告をしてくれた。

「おばあちゃん、だいぶわからなくなったわね。何をさせたらいいのか思案して、ためしに針を使わせてみたの。運針だけはできたのね。その時に気づいたんだけど、針を動かしている間だけは、こっちの質問にきちんとした答えをするのよ……」

話をきいてみると、この袋は前に高山に連れていってもらった時に買ったとか、高山に出かける前に孫の着物を縫ったとか、一年も前のことを正確に思い出したということだ。それも針をもつまでは、まるで覚えのない様子であったのに、針を手にしたとたん、スラスラと口にしたというのだ。わたしはたまげてしまった。手さえ動かせば、その頃とみにボケてきていたわが老母でも、ある程度は頭が働くのだということを初めて知った次第である。まことに、うかつな話であった。

◇ヘブライ語の「知る」は「手でする」こと

《知る》という意味の動詞を、ヘブライ語ではyada（ヤダー）という。この語のもとになっているのは、yad（ヤード）であるが、その意味はなんと《手》なのだ。したがってヤダーは《手でする》というのが、そもそもの原意であることがわかる。

昔のユダヤ人は、手ですることが知ることであると考えた。まことに言い得て妙ではないか。手で触れてものを認識する、手でつかんでものの実体を把握する、これがものを知る第一歩であるとユダヤ人が受けとめていたことを、このヤダーという動詞が示唆している。ちなみに、古代のユダヤ文学においては、この語は「セックスをする」という意味でも用いられた。男が女を知る《ヤダー》というような表現をとったわけだが、この語の内容をさらに鮮明にしてくれてわかりやすい。ユダヤ人にとって、知るという観念はきわめて具体的な触覚に基づいて成立していることがわかる。まさに「知恵の手触り」ということであろう。

素人考えなので正確とは言えないが、幼児はものに触れることによって頭がよくなるとわたしは考える。赤ん坊のまわりをやたらに片づけたりしないで、できるだけものをたくさん置いてみたらどうだろう。それも出来合いの玩具《がんぐ》よりも、日用品の現物がいい。しゃもじや栓《せん》抜き、すりこぎにたわし、そばにあるものなら何でもかまわない。要は知能育成の補助的手段であるのだから、知ったあとで日常生活につながる道具であることが望ましい。そのほうが知識の定着に、あらゆる意味で有効なはずだ。

ひるがえって、われわれ大人ももっと手足を使うことだ。機会あるごとに、何でも手のひらで触れる努力をしてみたい。黙って歩いているだけでは能がない。公園を通りかかったら、樹木の幹に手を当てて肌触りを確かめる。人目が気にならなければ、登ってしまうとさらにいい。全身で存在を感じることになるからだ。芝生を見たら、靴を脱いで裸足で踏んでみることだ。少年の頃の大地の思い出が、きっとよみがえってくることだろう。

頭の働きをよくしたかったら、今からでも遅くはない、億劫《おっくう》がらずに手足を動かしてみることである。

考えてはいるが、動けない人の悲劇

◇「あとの祭り」で泣きを見ないために

世の中に通信販売なるものがある。カタログにつられて欲しいものを注文し、あとで送られてきた現物を手にした段階で、自分が思っていたものとはかけ離れていることに気づいたりする。「しまった！」とほぞを嚙んでも、そのときになってはもうあとの祭り、あきらめるほかはない。

実際に見てもいない品物を買う、考えてみればバカな話だが、わたしもその愚をおかすことは人後に落ちない。一回で懲《こ》りればまだしもだが、忘れた頃にまた繰り返す。たまに気に入ったものが簡単に入手できるということもあって、つい手を出してしまうのだから困ったものだ。

ずい分前になるが、杉本さんに頼んで便所を作ってもらうことになった。当時まだ新しかったウォシュレットである。水道屋が早々と便器のカタログをもって乗りこんでくる。気の短いわたしが、そのうちの一つに決めようとしたところ、横から杉本さんがさえぎるように口をはさんだ。

「旦那、自分で見ておいでよ。現物を見てから決めなきゃダメだよ」

なるほど、ここが玄人と素人の違いかと合点したわたしは、言われるままに都内の某メーカーの展示場へと足を運んでみた。あるわあるわ、さまざまな機種がズラリと並び、その間を品定めの客が右往左往している。

「すまないが、このカーテン、ちょっとひいてくれない――」とわたし。

「何をなさるんでしょうか？」と女子店員、なかなかの美人である。

「実際に〝クソを〟してみたいんだ。どんな具合か、ためしてからにしようと思ってね――」

「お客さま、この種類ならどの階にも設置してございます。そちらでお願いいたします」

くだんの女子店員は必死でおかしさを嚙み殺している様子、周囲の客もあきれ顔でこっちを見ている。思えばバカなことを頼んだものだ。

礼を言ってから七階に上がる。案内のとおり、どの個室にも展示場の商品と同じものがしつらえてあった。用便を済ませ、興味津々シャワーのボタンを押してみる。後方斜め四十五度の角度で温湯が噴出した。座り方が悪いためか湯のしぶきがそれるので、尻をずらして位置を調整する。うまく当たった。が、今度は当たる角度がよすぎるのだ。よすぎると妙な気分になってきて、これまたふしぎと落ち着かない。何が自分にいちばん合うのかは、実地に使用してみなければわからないものだ、と便器の上でつくづく思い知った。

結局はこれもテストしたうえで、他のメーカーの品——このほうは噴射角八十五度——を設置することで一件落着となった次第である。

◇人には会ってみよ、物には触れてみよ

手で（この場合は尻でだが）知ることの大切さ——これは何も品物にかぎったことではない。人間についても当てはまることだろう。その人物がその場にいない時の評

価と、目の前にいる時のそれとでは、意外なほど差の生じやすいものである。自分でそれと意識しないうちに、気づいてみれば、他人の批評や悪口を言ってしまっていた。なぜ、それほど軽はずみに批判めいたことを口に出してしまったのか、自分でもよくわからない。そうした経験をおもちの方も多いことと思う。

その要因はいくつも数えられるだろうが、いちばんの理由は、ともかく相手がその場にいないことだとわたしは考える。いないとどうなるのか。その人間を静止した状態に固定してしまえるのだ。ビデオの映像を一時停止する時のように、内面でスイッチを押して相手の姿を動かなくさせる。その人間の生き生きとした現実ではなく、そこから勝手に抽象した観念的な部分だけを問題にしがちだからだ。

他方、当のご本人を目の前に置いている場合なら、判断はおのずと変わってくる。当人の息づかい、こちらに向けられた目の輝き、何げないしぐさ、とりわけその声の抑揚《よくよう》が、じわりと体全体でこちらに迫ってくる。一瞬として静止することのない、ダイナミックな律動が肌で感じられる。いのちの手触りのようなものが、そこにあるのだ。相手は絶えず動き、時々刻々変化していくのだから、的のしぼりようがない。下手な射手が、動く標的にまごまごするようなものである。どだい生きている人間に、安易に照準を合わせて判断すること自体が無理というものだろう。

——会ったらこうも言おう、ああも言おうと思っていたのに、実際に顔を見たら何も言えなかった。何を話そうとしていたのか、自分でもわけがわからなくなってしまった……。

こういう話をよく耳にする。きわめて親しい間柄の人間が、たまに出会った時などに起こる現象だ。胸が一杯になって、口がきけなかったというわけだ。だがこうした現象にも、今述べたことがあてはまる。頭の中で観念として組み立ててきたものが、本人を目の前にすると急に崩れ出す。静止していた対象が、突然のように動き出して心の波長が合わなくなるからだ。そのため無用な混乱が起こり、用意してきたことばは口から出てこない。考えてみれば、しごく当然の現象なのだ。

自分の手が届く距離で人を見る。実際には手を触れてみないまでも、触れようとすれば触れられるぐらいの範囲内でその人を感じる。人を体感的にとらえる——手で知る——ためには、そのような状況が必要だろう。舌で味わうという認識方法にも、これはもちろん欠かせない条件なのだ。

◇「わかったつもり」と本当にわかることとの決定的違い

頭でわかろうとするな――子どもたちにはそう言ってきかせた。人間というものを、小手先の観念でいじくりまわして、わかったようなつもりになる、そういう姿勢をもたせたくなかったからだ。また能書きや肩書きやらで、人を決めつけたりしてほしくない、手でじかに触れてほしい、そう思ったからである。

頭でわかったようなつもりになる、これは危険だ。対象は人間だけにとどまらず、すべてのことにあてはまると言っていいだろう。手でそのものをつかむように、じっくりと舌で舐《な》め尽くすように、そういう姿勢でものごとに当たらなければ、十分な理解はとうてい得られるものではない。

リルケの言葉に、「人生を理解しようとしてはならない」というのがある。人生というのは、おいそれとわかるようなものではない。目の前の扉を一つひとつ自分の手で開けていく、そうした姿勢が大切なのだ。一遍に全部の扉を開けようなどと思ってはならない。わかるものからはじめること、わからないものはソッとしておくことだ。

そうすれば、わからないものもいつかはだんだんにわかってくる。そうした内容を示唆することばなのだ。

さまざまな情報が、それこそ津波のように押し寄せる現代社会、その中で人間の価値観は多様化したと人は言う。

だが、わたしはそうは思わない。個人の実体験が片隅に追いやられた情報化社会で、雑然と詰めこまれた常識の枠内に、全員がむしろ画一的に組みこまれているだけなのだ。価値の多様化という一つの観念に統一されただけで、その実、十把一《じっぱ》からげに固定化されているにすぎない。それが現状ではないのだろうか。

これを突き破るには、太郎は太郎、花子は花子の体験を呼び戻すほかはない。頭でっかちの早わかり姿勢をひとまずおいて、じっと手を見ることだ。あらためて、自分の手で触れてみることだ。そして何よりも、手ですることの意識を十分にもちこむことである。

ユダヤ人の家では、どの戸口にも右手の柱に〝メズザー〟という細身で小型のケースが取りつけられている。その中身は羊皮紙の巻物で、『トーラー』の一節がしるされている。

「聞け《シェマア》、イスラエルよ、主こそ我らの神、主は一つである」（申命記6章、11章）

長文なので冒頭の一文だけを引用した。全体は〝シェマア〟と呼ばれ、朝と夕に必ず唱える祈りとなっている。また家族は、外出と帰宅の際、右手で巻物のケースに触れ、その手に口づけする慣わしだ。触れながら、次の詩篇百二十一篇の文句を暗唱する。

「主はあなたの出ると入るとを守られる、今よりとこしえに至るまで」

全員が日に何度となく手を触れる、このメズザー。それは家族同士の絆であり、失われた者への想いもそこにこもっている。まさに家庭のシンボルと言っていい。

十一世紀末フランスでのこと。メズザーをどの向きに取りつけるか――ラビたちの間で激しい論争が巻き起こった。

時の最高指導者、シュロモ・ベン・イツハック（通称ラシ）が「垂直に付けよう」

と主張する。一方ラシの孫に当たるヤコブ・ベン・メイール（通称タム）は、「水平につけるべきだ」と反論した。両者はゆずらず、議論はいつ果てるとも知れない。

最後に、ラシはこう提案した。

「じゃ、斜めにつけるとしようか――」

一同はこれに賛同した。こうしてメズザーは、今も斜めに取りつけられているという。

7章

恥を「屈辱」と思うな！

苦しい時こそ、その〝したたかさ〟を！

◇意外で、なかなか〝意味が深い〟ことば

――あいつはユーモアのわからない男だ。

人を評するのに用いる表現である。こちらが軽い気持ちで口にしたことばに対して、相手が急に怒り出したという経験は、どなたにもおありだろう。しまったと思ったときはもう遅い。仕方がないので、あえてこの表現で相手を片づける。逆の場合には、こちらが片づけられることになる。話し手にとってはきわめて都合のよい便利な表現と言えよう。

ユーモアを解さないことのポイントは、いったいどこにあるのだろうか。機知に乏しい人、冗談のまるで通じない人、何かというとすぐムキになる人など、この表現の

使われ方からみて、どうもそういうことらしい。ちょっとしたことでも本気になって怒り出す、その点の余裕のなさを評したものだろう。どんな人間でも、時としてそのような状態に落ちこむこともあるのだから、気軽に口にするのは気の毒というものだ。

ところで、ユーモアという単語自体の意味だが、これが意外とはっきりしない。新潮国語辞典には「思わず笑いをさそうような気のきいたおかしみ」、広辞苑には「上品な洒落《しやれ》、諧謔《かいぎやく》」などとなっている。いずれも粋なおかしさを表わすことばだとしているが、それだけではどうも十分な内容とは言えない。ユーモアと外来語のままで使われる理由は、これに相当する訳語が見当たらないためだろう。日本語にないということは、当然そのことの必要性もそれほど意識されていないということだ。

英語のユーモアの語源は、ラテン語の humor（フーモル）で、「湿り気」や「体液」を指すことばである。これはなかなかに意味が深い。人間の体と機能は水分や分泌液によって保たれているし、心もカサカサしないためにはうるおいが必要となる。人間の性や誕生という大事な場面では、体液の果たす役割はきわめて大きい。人間の全存在にかかわってうるおいを与えるもの――ユーモアという語にはこうした背景があるのだろう。

◇人生最高の英知――この〝クッション〟があるかどうかの違いだけ

この辺のニュアンスを巧みに織りこんだ定義か解説がないものか、そう考えていた矢先、友人宅の書架で一冊の本に出会った。著者はリン・ユータン（林語堂）、『生きることの大切さ』（"*The Importance of Living*", Capricorn Books）と題して、中国人の物の見方を解説したものである。冒頭に説明されているユーモア論が実にユニークなので、そのさわりを紹介しておきたい。

人間は粘土のようなものであるとリンさんは言う。固体でも液体でもなく、つねにやわらかい柔軟な半湿半乾きの状態にあることが望ましいという。理想と現実の両者を、ほどよい割合で混ぜ合わせるとそうなる。だが現状に満足しないのが人間のつね、隣りの芝生ばかり見る――理想ばかりを追い求める――危険性がある。他方幸いなことに、人間はユーモアのセンスに恵まれている。人間の夢を現実の世界に連れ戻すのがその役割。夢をもつことが大切であるように、自分の夢を笑いとばすことも同時に必要なのだ。頭に血がのぼってカッとしたような時、これをやさしくなだめるのもユ

Reality－Dreams=Animal Being

（現実－夢＝動物なみ）

Reality+Dreams=A Heart-Ache（Idealism）

（現実＋夢＝心痛《理想主義》）

Reality+Humor=Realism（Conservatism）

（現実＋ユーモア＝現実主義《保守主義》）

Dreams－Humor=Fanaticism

（夢－ユーモア＝狂信）

Dreams+Humor=Fantasy

（夢＋ユーモア＝幻想）

Reality+Dreams+Humor=Wisdom

（現実＋夢＋ユーモア＝英知）

ーモアであるという。

この関係を明解にするためであろう、リンさんは上記のような六つの数式を書いている。

ちょっと見ただけでは、何のことだかわからないが、＋《プラス》と－《マイナス》の関係に注目して、一つひとつの数式をじっくりとご覧いただきたい。同時に自分の現実にあてはめて、リンさんが何を言いたいのか想像してみてほしい。

夢のかけらもない人生（R－D）――それは動物なみの生き方となる。上野動物園のパンダ君は、笹の葉を食べながら「いつの日にか帰らん」などという夢はもたない。たんに居心地の悪さを感じるだけだ。砂丘のかなたにオアシスを夢見るのもラクダではない、上に乗っかっている人間のほうである。夢と知りつつなおも夢を追うのが、人間の人間たる所以《ゆえん》かもしれない。

だが、夢を現実にぶつけるように対立（R＋D）させるのでは、心の痛む思いがするだけのイライラ人生になってしまう。「お帰り」と夫がやさしく毛皮のコートを脱がせてくれる、広い居間にはシャンデリアの輝きがある――と想像しながら、実際には寒々とした北向きの四畳半、めざしを焼く煙で目が痛いとなると、心痛が起こるのも無理はない。理想家の陥りやすい弱点がここにある。

他方、現実をありのままに肯定する（R＋H）だけの生き方では、進歩も発展もなくなるという恐れが出てしまう。中国の言葉に「黄河の水が澄んでいれば顔を洗え、濁っていれば足を洗え」とある。心が落ち着いていられるという意味では万全かもしれないが、反面保守的な色彩が濃く、固まってしまいやすい。

ユーモアの欠けた夢追求（D－H）は、うっかりすると狂信的《ファナティック》な生き方につながる。

ある夏の真昼、小さいお子さんを連れた若いご婦人が、わが家の玄関先に立った。二百円のパンフレットを買い、指示に従って聖書を読めと言うのだ。わたしは尋ねた。

「奥さん、失礼ですが聖書を読みはじめてどのくらいにおなりですか？」

「一カ月と十日です。それが何か――」彼女はたじろぐ様子も見せない。

「わたしは三十三年です。それでも奥さんは、わたしに聖書を教えてやるとおっしゃるのですね」わたしは念を押してみた。

「そうです。わたしたちの読み方で読まなければいけないのです」

みごとな確信である。自分だけは正しくて、ほかはすべて間違っているという姿勢は、このような親切の押売りになりやすい。

小さい子は汗びっしょりになって、こちらの顔をジッと見つめている。やりきれない気分でお引き取り願った。あの奥さんの心の片隅に、ユーモアのかけらでもあったらよいのにと願わずにはいられない。

これとは別に、ユーモアを保って夢の世界にひたりこむ生き方（D＋H）がある。そのような人は幻想に生きる者と言えるだろう。4章で触れたNのような人物なら、まさにこの第五数式にあてはまる。といっても、本人にしてみれば、おそらく不満であろうが――。

さて、最後の数式がリンさんの結論となる。現実を踏まえてしっかりと立ち、同時に夢見ることもできる。そこに生じた現実と夢の間の落差を、ユーモアのセンスでやわらかく受けとめる（R＋D＋H）――そういう生き方こそ最高の英知《ウイズダム》だというのである。

固い床に電球を落とせばいとも簡単に割れてしまう。しかし、床の上に柔らかなクッションを置いておけば割れることはない。ユーモアというのは、心の中でこのクッションの役目をしてくれるものである。自分にふりかかる不測の出来事や相手のことばを、固い心ではじき返してムキになるか、あるいはクッションですんなりと受けとめるか、すべては自分のユーモア感覚にかかっているというのだ。

◇自分の夢を上手に加減することも大事な知恵

ひと頃わたしの研究室は、三階から下りてくる階段の真正面にあった。たまに女子学生が足をすべらせて落ちてくる。ドシンという音のするたびに、とび出していって見るのがわたしのよくない癖であった。学生の反応はおおむね二とおりだ。わたしをにらみつけながらスカートの裾をなおし、教科書を拾う間ももどかしく走り去るタイプ。もう一つは、ころんだままの姿勢で「先生、落っこっちゃった！」と笑い出すタイプ。同じことでも、その反応は正反対、面白いものだとつくづく思った。

数式の表のあとでリンさんは、英知をユーモアに関連づけて定義している。それをここに引用しておく。

「英知――最上の思考形態――とは、現実自体に支えられたユーモアのセンスで、自分の夢を上手に加減することである」

みごとな定義ではないか。ユーモアがその人間のリアリズムに裏づけられたセンスであること、知恵が生きたものとなるためには、夢の加減が不可欠であることが明解に示されている。

自分のいたらなさ、自分の失敗、思いどおりにならなかったこと、これをあっさりと笑いとばすだけの心のゆとり――それがユーモアだ。カッとしかけたら、そこで一度自分自身を脇に置いて、横から眺めてみることだ。これを毎回あきずに繰り返す、ありのままの自分を大切にするためには、この操作がどうしても必要となるのだ。

$R_3D_2H_2S_1$ = イギリス人

$R_2D_3H_3S_3$ = フランス人

$R_3D_3H_2S_2$ = アメリカ人

$R_3D_4H_1S_2$ = ドイツ人

$R_2D_4H_1S_1$ = ロシア人

$R_2D_3H_1S_1$ = 日本人

$R_4D_1H_3S_3$ = 中国人

R=Reality（現実感覚）

D=Dreams（理想度）

H=Humor（ユーモア感覚）

S=Sensitivity（感受性）

リンさんのユーモア論にはまだおまけがある。民族別にユーモア度を独自の規準で測定した価が、上のような表になって載っているのだ。

このうちR・D・Hはそれぞれ現実感覚、理想度、ユーモア感覚であるが、Sは感受性を示す新しい項目、フランス語のSensitivitéの意味であると、著者の但し書きがついている。

四つの要素を粒にたとえ、粒をいくつつなぎ合わせるとどの民族になるかというのが、リンさんの発想だ。数字はその粒の数を示している。1は低く、2はふつう、3は高く、4は極端に高いという評価となる。

そこで日本人に対するリンさんの採点だが、ユーモア感覚の点ではきわめて厳しい。ごらんのように、ドイツ人、ロシア人と並んで世界の民族中低いほうの第一位にランクされている。

言われてみるといろいろと思い当たるふしがある。一般に、日本人はすぐムキになる。人前に出ただけで緊張する。オリンピックなどはそのいい例だが、いざ本番という時、選手たちはコチコチになり、顔まで青ざめてこわばる。見ていても気の毒なほど痛々しい。周囲の期待も大きすぎるようだ。事前の新聞の予測など、金メダルは確実とばかり、もう勝ったかのように書きたてる。

その重圧の結果ふだんの実力が出せず、予想をはるかに下まわる成績に終わることが多い。それもこれも仕方のないことだが、自分も含めてもう少し気楽にできないものか、といつも思う。

国会の実況中継を見ていても、これが国民の代表かと耳を疑うほどの、野次のとばし合いやなじり合いだ。審議内容はそっちのけで、ささいなことばの揚げ足とりに終始するさまは何ともやりきれない。とくに気になるのは、そのやりとりにユーモアの「ユ」の字も感じられないことである。これは議会のみにとどまらず、おしなべて全国的な範囲で、会議の発言や式典の挨拶などにあてはまる。

日本人とドイツ人にH_1の評価を与えたことについて、リンさん自身は「H_0はいくらなんでもつけられないからH_1にした」とまで言い切っている。ユーモアの欠如に近いということだろう。物の見方が狭く、狂信的になりやすいから、まず視野を広げてもっといろいろなものに接することだ――というのが日本人に対する彼のアドバイスであった。

現実を、それもどこか物足りない現実を、どうすればあるがままに受けとめられるか、ユーモアのセンスはここにかかっているのだ。ユダヤのことわざに、「自分の手のうちにある一羽の鳥は、藪《やぶ》の中の二羽の鳥よりもずっと価値がある」という。この点をじっくりと噛みしめて考えたいものだ。

ユダヤ流〝神経の太さ〟の源泉

◇この民族特有の〝抜群のユーモア感覚〟

初めてイスラエルの国を訪ねた三十四年前のこと、〝ガリラヤ二泊三日の旅〟というのを選んで、エルサレムから観光バスに乗りこんだ。

ガイド氏――女性ではない――の名はエリエゼル、三十代半ばを過ぎたと思われるいかにも博識のユダヤ人だった。この国のバスガイドはすべて男性、歴史や考古学の専門家が多く、そのため説明のレベルも十分に満足できる内容のものである。そのエリエゼルが説明の中でこんな話をはさんだ。

十戒はもともとは五戒であった、と彼はまじめな顔つきで話しはじめた。神はどの民族にこれを与えようかと思案した。最初に呼ばれたのはルーマニア人、神は言った。

「ルーマニア人よ、お前たちに五戒を与えよう」彼らは問うた。「主よ、五戒とは何ですか」神は答えた。「汝盗《なんじ》むなかれ――これがそのうちの一つだ」彼らは言った。「ご辞退します。われわれにはとても無理な注文です」

次にアフリカ人が呼ばれた。「アフリカ人よ、五戒をあげよう」「主よ、それは何ですか」「汝ら互いに相愛せよ――これはその一つだ」「おことわりします。隣りの部族を愛するなんてまっぴらです」

同様にフランス人が呼ばれた。「フランス人よ、五戒を受け取ってくれないか」「主よ、どういった内容でしょうか」「汝他人の妻を恋うるなかれ――たとえば、こういう内容だ」「とんでもありません、それはわれわれにはできない相談というものです」

最後にユダヤ人が呼ばれた。神はおごそかに言った。「ユダヤ人よ、お前たちに五戒を与えよう」彼らはすぐさま尋《ただ》ねた。「神さま、それはいくらですか」神はびっくりして答えた。「もちろん無料だよ」ユダヤ人は叫んだ。「それなら二倍にしてください」そのため十戒になったのだ、とエリエゼルは話を結んだ。

バスに乗り合わせた観光客――ほとんどがユダヤ人であった――はドッと笑った。

ここでわたしはハッとした。この話の内容は明らかに、ユダヤ人の勘定高い性質を皮肉った冗談だ。これを生粋のユダヤ人が語り、それを同族のユダヤ人たちが面白そうにゲラゲラと笑う。自分たち自身がネタにされた話を、こうまであっけらかんと笑いとばせるとは、見事としか言いようがない。

実をいうとそのときのわたしは、こみあげる笑いを必死に押し殺そうとしていたのだ。周囲はすべてユダヤ人、無遠慮に笑うのは失礼ではないか、とっさにそのように考えたからである。だが今述べたようなわけで、それはまったくの杞憂《きゆう》に終わった。

ユダヤ人は金銭に汚いとか、やたらに金にこだわるという評価が一般的だ。ユダヤ人を直接に知る機会の少ないわが国でさえ、そういうイメージができあがっている。『ヴェニスの商人』に登場する誤ったシャイロック像の影響が、これにあずかって大きいのかもしれない。

しかし実際のところは、彼らが亡国の民、弱小民族の立場で差別され続けてきたことに最大の原因があろう。不動産所有や職種の制限、施政者の都合による国外追放など、少数者に対する差別は世界中どこの国にもつきものだ。

ユダヤ人の場合には宗教上の偏見もからんで、キリスト教世界から一層激しい差別扱いを受けた。こうした苛酷《かこく》な条件のもとで生きのびるには、とことん金だけに頼るほかはない。いや実際のところ、金ですら安全という保証はどこにもない。そこでユダヤ人の多くは学問に精を傾けた。奪われることのない宝を、己れの頭に蓄えるためである。ユダヤ人に医者や法律家、また大事業を成功させた実業家が多く見られるのは、こうした背景があるからだと言ってよい。

一方多数者の側では、自分たちのやり方に原因があるなどとは考えない。困惑を招くような事件でも起これば、すべてユダヤ人のせいにして頬かぶりをする。こうしてさらに新たな迫害へとつながっていく。

だが、こうしたいわれのない評価まで、平気で利用してジョークにしてしまうユダヤ人のやり方は、わたしにとってきわめて新鮮で印象深いものがあった。

ユーモアとは、自分の不遇ややりきれなさを、あっさりと笑いとばすゆとりである。かりに自分の置かれた現状がどんなに不当で気に入らないものであっても、それが事実であるならば、事実として柔らかく受けとめる姿勢なのだ。とすれば、このバスの中での出来事は、まさにユーモアの実物と言える。自分をどこまで笑いとばせるか、あるいは笑えないか、これが結局はユーモアをはかる物差しなのだ。

恥を〝屈辱〟と思ってはならない！

◇「恥をかくこと」は「学ぶこと」だ！

そこで、具体的にはどうすればユーモアが育つか、どこにそのポイントがあるのかという問題になる。結論から先に言えば、恥を恐れないこと、進んで恥をかくように努めること、この点に尽きるとわたしは考える。なぜなら、自分をありのままに認めるゆとり——つまりユーモア——のなくなる時というのは、えてして恥をかきたくないという意識に支配されているものだからだ。

人前での挨拶一つをとっても、恥をかかないようにという意識が話し手をぎこちなくさせていることが多い。話をする前から、すでに緊張でコチコチの面持ちを呈する。人によっては、ひと月も前から準備にかかる。その準備の段階からもういけない。あれこれと思い悩んだ末に、不本意ながら紋切り型の無難な材料しかそろわないということになる。

こうしたありさまで挨拶に立つのだから、ユーモアのある話などできるわけがない。顔を見るだけで、話者のゆとりのなさが手に取るように伝わってきて、聞くほうはむしろ気の毒になってしまう。つまり、失敗しては大変だという思いがその人間を不動金縛りの状態に置くため、ふだんの持ち味までそっくり奪ってしまう結果となるのだ。

これとは逆に、上手な話し手になればなるほど余分な力《りき》みを感じさせない。飾り気のないふだん着のままでそこに立つ。立つだけで、聞き手の心をつかむこともある。そうなると話し手にあるゆとりがおのずと伝わってきて、聞き手の側にもある種のゆとりさえ生まれるからふしぎだ。恥をかきたくないという、ことさらな構えが抜け落ちているからだろう。

ユダヤの聖典『タルムード』（賢者たちの教えの集大成）にこうある。

「やたらに恥を恐れる者は、学ぶことができない」（アヴォート編7a）

だれでも学ぼうとするならば、まず恥ずかしがってはならない。本気で学問を身につけたかったら遠慮していてはだめ、しつこく質問することを心がけろという意味だ。

小学校に子どもが入学する。「先生の話をよくきくんですよ」と母親が送り出す。これが日本の一般常識だろう。『ユダヤ式育児法』という本を書いたシロさんによると、とうてい考えられないことばだと言う。こういう場合、ユダヤ人の母親なら、「教室では質問しなさい」のひとことだそうだ。教師のことばを鵜呑《うの》みにせず、わかるまでとことん質問する姿勢、これが求められているというのだ。暗記一点ばり、○×式同一解答型の教育の現状を、このあたりで少し考え直してもいいのではないか。

◇〝恥の免疫〟を作ってしまえば、もう何も怖くない

問うて学ぶと書く。学問とは問うことにある。正解をさがすことではない。問いなしに生まれた答えは、いのちを欠いているのだ。学問は問いをさがすことからはじまる。また、問いかけの繰り返しにある。問いかけの姿勢を身につけるには、恥を捨てるに及《し》くはない。

できるだけ多く恥をかくこと、そこからさりげないゆとりが生まれる。ゆとりは視点の豊かさへとつながる。ものごとを、さっと別の視点に転換できる柔軟な心が育つ。この柔軟な心の追求が、現代に生きるわれわれにとって、優先すべき必要な一事ではないだろうか。

8章

「顔」で語ろうとするな！

正面からは見えない〝真実〟を見落とすな！

◇〝強い人間〟の、とっておきの見本！

幼少の頃、わたしの家の左隣りにTさんというおばさんが住んでいた。

隣り近所、みんな似たりよったりの貧乏世帯であったが、Tさんの貧乏さかげんは、その中でもずば抜けていた。まともに米の飯がお膳に乗るのは月に二、三度ぐらい、おからか芋の煮ころがしが主食なのだ。めぼしいものはほとんど売り尽くして、ふだん着までも質に入れてあるというありさまであった。

そのため、家の中では腰巻き一つのはだか暮らし。だれかが急に入ってくると困るので、どこから拾ってきたのか屏風《びょうぶ》の骨に古新聞をはりつけたものが、玄関に向かってついたて代わりに置かれてあった。訪問者が「ごめんください」と言いながら入ってくると、素早くそのついたての中に身を隠し、上から首だけをのぞかせてにこやかに応対するといった具合であった。

幼かったわたしは、毎日のようにTさんの家に入りびたっていた。貧乏人の子だくさん、Tさんの家に行けば同じ年頃の遊び相手には不自由しなかったためだが、それにもましてTさんのあけすけな性格に、親しみと居心地のよさを感じていたためと思われる。

ある日の午後のことだった。いつものように、家の中で取っ組み合って騒いでいるわれわれ悪童どもに向かって、Tさんが声をかけた。

「坊やたち、いいものを見せるからきてごらん――」

Tさんは、見るからにうれしそうな笑みを顔一杯に浮かべて、茶色い紙袋を何やら大事そうに胸のところで抱えている。われわれがそばに群がると、袋の口を開けて中身をのぞかせてくれた。袋の中には真っ白い米が入っていたのだ。

「いいかい、今夜はね、久しぶりにトウちゃんに炊きたてのご飯を腹一杯食べさせてやるんだよ。それからお前たちにも、おにぎりをイヤっていうほどこしらえてあげるからね」

そう言うとTさんは、踊るような足どりで袋を置きに台所へ行った。

そのとき、玄関で「ごめんください」という声がした。Tさんは、あわててついたての陰にとびこんだ。戸口には、筋向かいのNさんが顔をのぞかせていた。Tさんの顔を見るなり、Nさんはさっそくこぼしはじめた。

「ねえ聞いてよ、うちのフミ子がね……」

「そうそう、フウちゃんの病気、ぐあいはどうなの？」

「それがね、まだよくないの。さっきイモのおかゆを煮てね、食べさせようとしたら、『カアちゃん、こんなのまずくて食べられない。ほんもののおかゆが食べたいヨ』って、そんなこと言うのよ」

「…………」

「あんまりしゃくにさわるから、『ウチにお米なんかあるわけないだろッ！』って、横っつらひっぱたいちゃったの――」

「…………」

「でもね、病気の娘に食べたいものも食べさせないで、ひっぱたく親なんてどこにいるかしら。情けなくて、外に出て泣いてたの。ごめんなさい、こんなグチをきかせて

――」

黙っていていたTさんは、ほんの少し考える素振りを見せたかと思うと、すっと立って台所からさっきの袋を手にして戻ってきた。

「奥さん、これもってってって――」

と言いながら、恥ずかしそうにその袋をNさんの手に押しつけたのである。

「アラ、これお米じゃない。どうしてこんなものが、あなたのところにあるのよ？」

「ある時にはあるのよ。いいからフウちゃんに、早く食べさせてやってよ――」

びっくりしているNさんを、追い立てるようにして帰したTさんの後ろ姿が、なぜか目に焼きついている。幼い頃の記憶をほじくり返して、現在の心境と重ね合わせるのは行き過ぎかもしれないが、Tさんの骨ばった背中は、今もずっしりとした重みをもって、わたしの心から消えないのだ。

◇とっさの決断に迫られた時――ここであなたの真価が試される！

人間はだれしも自分の心の中に、二重の側面を宿しているようにわたしには思える。

つまり人は、少々欲張りで時には気前がよく、臆病《おくびょう》なくせに時としてやたらに勇気が出る。一方では清潔でありたいと望みながら、他方ではきわめて淫乱であり、見かけだけは強そうなしぐさのうちに、頼りないまでの弱い心を抱いている——そういった存在ではないだろうか。

そのくせ人は、二面性を抱えているありのままの状態を、素直に認めることをいたずらに回避して、自分の片面だけを見せたがるものだ。いいか悪いかは別として、気がついてみると、いかにももっともらしくふるまっている自分を見出すことが多い。自分の立場や体面に引きずられて、それに見合った「顔」を演出する。らしさの追求にやっきとなる。あげくの果ては、心身ともに疲れきってしまうのだ。

正面からその人物を見ようとするかぎり、表面に表われた両極性の片方だけが認識されるにすぎない。その人のほんとうの姿からは、ほど遠いものしか読み取れない結果に終わることになる。わかりきったことのようで、意外に見過ごされているのが現状であろう。

人間の真実の姿は、二重性の両面がぶつかり合ったところにある。その両極の葛藤と、そこから生じる重みを黙って支えているものこそ後ろ姿にほかならない。Tさんの見せた深いためらいと、そのあとにくるさりげない行動とを結ぶ鍵は、あのやせた小さな背中に隠されていたのではないだろうか。

思うに、その時のTさん自身の内面は、真っ二つに割れていたものと想像できる。汗水たらして働き続ける夫の姿、育ち盛りの子どもたちの笑顔などが、まぶたの裏にちらついていたのに違いない。一方では、病床にあるフウちゃんの泣き声を思い浮かべていたことであろう。

どちらを優先すべきか、などと考えるのは余裕のある人間のすることだ。Tさんにとっては、考えているヒマもゆとりもなかった。彼女は、次の瞬間にはもうそれしかないという方角へ足を踏み出していたのである。人間のもつ真のやさしさというものは、このように二つに引き裂かれた心のうちにこそ、姿を現わすのではないかと思えてならない。

人が人生で何かを決断して実行に踏み切ろうとする場合、たいていは、いかにももっともらしい理由を頭の中で用意するものだ。だがそれは、往々にして表面上の理由にすぎない。目に見えないウラの理由が、実際にはその人の行動を促していることが多い。ほんとうの理由は隠されているのではないだろうか。

ある日教師《ラビ》は、道を真っしぐらに走っている男に出合った。右も左も全く目に入らないほどの急ぎようだ。ラビは尋ねた。

「なんでそんなに急いでいるんだい？」

「日々の、暮らしを、追いかけているんでさァ」と男は答えた。

ラビは言った。

「あんたの暮らしが、あんたの前にあるから追っかけなきゃならんのかね？——それはたぶん、あんたの後ろにあるんだ。あんたに必要なのは、その場にじっと立っていることじゃないのかな——」

背中に表情をもたない人は〝影〟もうすい

◇〝人間通〟と言われる人は、相手のどこを見ているか

「人間というものはね、前島さん、正面から見てもわかりっこないよ。そいつが玄関から出ていく時の背中を見るんだ。いくら前側を取り繕ったところで、背中だけはごまかせないもんだよ――」

以前、親しくつき合っていた深川木場の材木商・関口さんが、一杯やりながらそう言ってことばを続けた。

「間抜けな人間は、人の顔しか見ないんだよ。また、見れねえんだね。あんたも人間がわかりたかったら、人の背中に目をつけることだよ」

なるほど、そういうものかと、妙に感心したわたしは、それ以来つとめて他人の背

中に注目することにした。道を歩く時や、プラットホームで電車を待つ間など、行き交う人びとの背中に目を向けるようにしたのである。その結果、自分なりにいくつか気のついたことがあった。

一つは、人間の背中が無防備だという点である。背中は自分には見えない。よほどのことがないかぎり、自分の背中に注意をはらう人はまずいない。注意をはらわない分だけ、当人の正直な姿が映し出されてしまうと言えるのだろう。

次に感じたことは、その人間の背負っている生の重みや痛みというものが、背中にはっきりと現われてくるということだ。電車の乗り降りや、駅の階段などを上り下りする背中にじっと目を注いでいると、その人の背負っている人生の重さが、手に取るように伝わってくる。その背中の荷物、目には見えないものであるのに、感じとれるところがふしぎだ。

もう一つは、人によって、背中のない者もいるということである。背中のない人などいるはずもないのだが、どうにも背中を感じさせない人がいるのだ。一方では、ハッとするような背中を見せて通り過ぎる人もいるだけに、背中のないこと、もっと正確に言うなら背中に表情のないことが、なおさらはっきりと目に映じたのかもしれない。人には、重い背中と軽い背中があるのだろう。

最初に例に出したTさんの背中には、毎日の生活の重みがずっしりと背負わされていた。その重い背中のTさんであればこそ、他人の背中の重みが心底から理解できたのだ。自分をふり返ると、まだまだ軽い背中だと思わざるを得ない。他人の背中をどこまで感じとれるのか、この辺に心の豊かさをはかるポイントがありそうだ。

◇ことばにならない相手の〝ためらい〟を読むために

ずい分前になるが、ある席で深田祐介氏の話をきいた。氏が以前、日航の客室乗務員訓練所というところで、客室乗務員の教育に当たっていた頃の苦労話であった。

深田氏によると、客室乗務員を教育するのに、昔はたった一言でよかった。「おうちでお父様に接するようにお客様に接しなさい」と言えばすんだそうだ。ところが今はそうはいかない。お客が「水をください」と言うと、「今、忙しいからあとにしてください」ということになる。となれば、「お父様」ではもはや頼りにはならない。

これでは困るので、こっけいなくらい細かく決めたマニュアルを作った。非常口を指す時は親指を立てるな、コップを出す時にはJALのマークがいやでもお客の目に触れるように突きつけろ、とこと細かに指示する。しかし、いくら訓練したところで補えない部分がどうしても残る。それは心の問題、サービス精神の問題だそうだ。そこで氏が指示したのが、お客の背中を見ろということであった。

客室の後ろに立って、お客の背中をじっと眺める。客が何を考えているか察しをつける。これがサービス業の魂だというのである。どういうことか。

日本人は人を呼びつけるのに慣れていない。要求があっても露骨には言えない。だいいち、呼びかけるのに適当なことばが日本語には見当たらない。「客室乗務員さん」と呼ぶのは、いかにもこなれない日本語だ。「お姐さん」と言うと怒るのではないか。だからこちらの気持ちをいち早く察して、従業員のほうからとんで来てくれないものか、お客はだれでもそう思っている。そういう期待が背中の表情に現われるというのである。挙動不審《きょどうふしん》ぎみにあたりを見回したり、背中が情緒不安定ぎみに揺れ動く。その揺れ動く背中があったら、すぐとんで行って、「何かご用でございますか」と聞かなくてはならない。日本的サービスの極意は、これに尽きるという話であった。

なるほど、そういうものかと感心すると同時に、背中の表情がもつ役割を、専門家は実に的確に利用しているのだということを改めて知らされる思いであった。

どんなことばによる説明よりも、身振り豊かなしぐさよりも、背中はありのままにその人のすべてを語るのだろう。ただしその語りかけは、無言の語りかけであるのだから、これを読みとることは並大抵ではない。またそれだけに、確かな手応えを感じさせるものなのに違いない。

形勢を大逆転させる最良の方法

◇何よりも雄弁に語る〝沈黙〟の価値

井戸傍に置いた
西洋皿とその中の貝殻には雪がつもった。
水色のジャケツ着の少女が
やがてそれを洗ひに来る。
少女は喘息病みのお婆さんと暮してゐた。
お婆さんの咳のするたびに
彼女はその洗ふ手を休めた。
悲しい冬の他国者《エトランゼ》。(『野村英夫詩集』)

この詩の中で、作者は少女の手の動きを語っているだけだ。まだ幼さの抜けきらない少女の背中は、ことばとしては描写されていない。けれども作者の目は、水色のジャケツを着た少女の後ろ姿に、しっかりと向けられている。その背中の哀《かな》しみを、すべて吸いとろうとしているような詩人のまなざしが感じられるのだ。雪の降りつもる井戸端にしゃがみこんだ少女の後ろ姿、お婆さんの咳のほかには何一つきこえない沈黙の世界に、冬の他国者《エトランゼ》という主題が豊かな情感をもって迫ってくる。

ところで、背中が背中であるためには、背中は何も主張してはいけない。主張がないからこそ背中なのだ。もしだれかが、背中で語ろうという意図のもとに意識的に行動したとすれば、それはもはや背中とは言えない。それはもう一つの顔になる。背中は最後まで沈黙した背中でなければならない。

詩の中の少女は黙っている。何も語ろうとはしない。だれかに見られているという意識もないのだろう。だからこそ、詩人の目にとまった。彼ももちろん語らない。声をかけたらぶちこわしなのだ。おそらくは息をひそめて、気づかれないようにひっそりと眺めていたに違いない。

◇ユダヤのラビが「背中」で示した四つのこと

背中の沈黙は、見る者の側にも同じく沈黙を要求する。背中の表情の読みとりは、深い沈黙の中で行なわれる。背中は沈黙の場所なのである。

ある時、姦通の現場でつかまえられた女が、野次馬によってある教師《ラビ》のところに連れてこられた。ユダヤではこういう場合、ラビの判断を求める慣わしである。

「姦通者は石で打ち殺せとトーラーにありますが、どうなさいますか?」

人々のこの問いに対して、彼はひと言も発することなく、身をかがめたまま指で地面に何かを書いているだけだった。

律法の決まりは明白だ。結果は尋ねるまでもない。わざわざラビに尋ねるということの裏には、人を切って捨てるやましさがあるのだ。ラビにひと言言わせれば、それでもう自分たちの負うべき荷物は軽くなる。他方、律法の細かい決まりにさほどこだわらず、日頃から温情を優先すべきだと唱えていたこのラビにとって、その置かれた立場は微妙であった。

人間は、自分の心に何らかの思惑がある時は、きまって饒舌《じょうぜつ》になりがちだ。自分の意図したとおりにことをはこぼうとして、やたらにベラベラとまくし立てるものだ。自分のことが自分自身の立場を左右しそうな場合であれば、なおのことそれに拍車がかかる。が、彼は違った。質問には答えようともせず、無防備な背中を群衆にさらしたまま、女のかたわらにしゃがみこんでいたのだった。

黙ったまま背を向けている彼、その後ろ姿には深い表情がたたえられていたことであろう。人々の好色な視線の中で、被告の場に引きすえられた女の孤独、やり場のない恥ずかしさ、野次馬の手ににぎられた運命のはかなさ、それらの重みを自分の重みとして彼は感じとっていたに違いない。

それはたんなる同情ではなく、みずからを被告と同じ位置に立たせる姿勢である。安全地帯に身を置いたまま、にこやかに手を差し延べるというのとはわけが違う。自分自身をズドンと投げ出して、女に投げかけられた人々の非難と、彼の沈黙に対する群衆のいら立ちとを、おだやかに受けとめる背中がそこにあった。

この場面で、もし彼が最初から口を開いて群衆を説得しようとしていたら、ことはどうなっていたかわからない。おそらくは、二人の上に石の雨が降ってきたことであろう。説得につきもののわざとらしさが、人々の怒りを招くことは想像にかたくない。

なおも、しつこく問い続ける群衆に向かって、彼が仕方なく答えを口にしたのは、このしばらくの沈黙のあとであった。

「おまえたちの中で罪のないものが、まず第一番に、この女に石を投げることにしなさい――それが、わたしの判定だ」

そう告げると彼は、背を向けてもとの姿勢に戻り、再び口を開こうとはしなかった。奇妙な静けさが、人々をすっぽりと包んだ。やがて一人去り、二人去り、気がついた時には、彼と女だけを残して全員が姿を消していた。そこでラビは身を起こして尋ねる。

「女よ、みんなはどこにいるんだい？」

何というとぼけたことばであろうか。群衆のいなくなったことを知りながら、あえて女に尋ねるというのは、彼女に立ち直る余裕を与えているのだ。女が辺りを見回して、自分で確かめるまで待っている――そうした深い配慮がこの質問の裏にある。

親切だが配慮の欠けた人間は、これと違ってせっかちで自分勝手だ。「ホラ、見てみろよ。連中はオレが追い払ってやったぞ！」などと言いたがる。自分の手柄をどうだとばかりに吹聴する。相手が自然に気がつくまで待つ、気づかなければそれでいい、そうした気持ちに欠けているわけだ。

わたしなど、どう見てもこの手合いだ。必要もないのに口をはさんだり、都合の悪い状況からは身をひるがえしたり、何が何でも自分のペースでことを急いだり、比べるまでもなく、かのラビの姿勢とはまるで逆なのだ。

このユダヤ人のラビの名はイェシュアー（イエス）であった。彼が示した態度から要約できるのは、次のようなものだろう。

1 沈黙して語らない（くどくどと説明しない）
2 状況のすべてを背中で受けとめる
3 最後まで立ち去ろうとはしない
4 相手のペースで待っている

これはそのまま背中のもつ意味として当てはまる。一つひとつを自分の中で、じっくりと検討してみていただきたい。「背中は黙し、顔は語る」のだ。もっともらしい顔つきとしぐさ、独りよがりの説明の垣根、そういったものでどれだけ自分の回りを固めていることか、いちど洗い出してみるといい。これが正確につかめれば、今まで気づかなかったその反対側——背中の表情——も自然に見えてくるというものだ。

"自分の足で立つ"いちばんの近道！

◇余計なことには、口も顔も出すな

子どものことには口を出さない、これがわが家の方針だ。必要がないかぎり、親が顔を出すことはしない。

ある年の暮れも押しせまった夜、高校三年生だった息子は一通の書類をわたしの前に差し出した。黙ってそこにサインをしろと言うのである。

見るとイスラエルの集団農場《キブーツ》研修の申込書ではないか。あまりに突然のこと、さすがにわたしも驚いた。注文のとおりにサインをしてやると、そそくさと部屋から出ていったものだ。

これまで卒業生たちの申込書に、推薦者として何度か署名した覚えはあったが、父

親として保護者の欄に判を押したのはこれが初めて、まさかこういうことになろうとは夢にも思っていなかった。

なぜキブーツ行きを決心したのか、その後も息子は理由を語りたくない様子なので、当方も強いてきこうとはしなかった。バイトで貯めた金を使って渡航の準備を整え、三月のある日、成田からヒョイと旅立った。本人の希望どおり、家族は一人も見送りには行かなかった。

そのことは、すぐにご近所の評判になった。外国へ働きに出掛けたことも驚きなら、空港までだれも見送りに行かないことにまたびっくり、何人かの奥さんが家内をつかまえて、しきりにこう尋ねたらしい。

「一年間もむこうにいて心配でしょう、帰ってきたらどうするつもり…?」

「さあ、行ったばかりなのでわかりませんね。帰ってきたら自分で決めると思いますよ」

家内はそんなふうに答えていたようだ。わたしに直接尋ねた人は、なぜか一人もいなかった。

親が子どものことでやっきになる、こうした風潮がどう見ても行き過ぎのように思えるのだ。
これが子どもの心に余計な負担を生む原因となっていることを、肝《きも》に銘じる必要があるのではないのか。やたらに顔を前に出す分だけ、子どもの顔しか見ていないことになる。同時に、子どもの背中にはまったく目をとめない親になる。これでは親の後ろ姿など、子どもの目に映じるはずもない。

ユダヤの『トーラー』には次の句がある。

「あなたはわたしのうしろを見るが、わたしの顔は見ないであろう」（出エジプト記33章23）

無限者は顔を見せない。人間が前もって予測できることは、神については何もないというのだ。無限者がどのようなものか、どう考えどう動くかは、人間にはうかがい知ることもできない。ただそれが通り過ぎたあとで、わずかに後ろを見せるだけというのだ。

予想が立たず説明もつけようがないもの、背中だけを見せて通り過ぎる神、無限者に対する態度の集約がこの認識にある。ユダヤ人の他者に対する姿勢も、それを基盤として成り立っている。

語らない背中、後ろ姿の沈黙の意味を、静かに噛みしめたいものである。

9章

何でも「けじめ」をつけようとするな！

ありきたりの正義感では、人の心の機微をつかめない！

◇「安全圏」にいる〝おごり〟こそクセモノ

世に正義感ほど恐ろしいものはない。それ自体は別に問題ではないにしても、正義感にかられた人間というのは実に厄介だ。これがわたしの正直な感想である。

自分の行ないは正しい、自分こそ正義の味方だ、などとひとたび思いこんだら最後、無条件に他人を裁くようになるからだ。間違いは自分の側には金輪際《こんりんざい》あり得ない、あるとすれば相手の側だと一方的にきめつける。他人の行動は細かく批判はできても、自分のこととなるとまるで目がいかない。場合によっては、平気で人を切って捨てる。

日常これに出くわすのは、よくある《犯人さがし》という場面だろう。集団の中で財布が失くなったりすると、先頭に立って犯人をさがし出す手合いがいる。自分は盗んでいないという事実、盗む奴は許せないという正義感、そこで彼の出番となる。まず自分からポケットとカバンを開いて無実を証明し、次に全員が彼にならうことを強要する。自分はすでに安全圏に立っているので、追及の姿勢はすこぶる激しい。

つまり、自分だけ安全な場所に身を置いて、いわば弱者の立場にあるものを裁こうとする、その心のあり方を問題にする必要があるのだ。

こうした正義感は、安全圏にあるだけに人が同調しやすい。やがていつの間にか多数者のグループが構成される。多数者はつねに安全だ。そうして多数者が少数の弱者を裁くことになる。しばしば深刻な論議をよぶ「いじめ」なども、この典型的な例であろう。

J・デュヴィヴィエ監督の作品に『運命の饗宴』という映画があった。一着の燕尾《えんび》服を主人公として、つぎつぎに替わる持ち主のエピソードが語られるオムニバス物である。その中の話の一つに、名門校出身だが酒で落ちぶれた男が出てくる。

同窓会の通知が届いたことで、スラムの仲間たちがそれと知り、行かせてやろうじゃないかと出し合った金で燕尾服を借りてくる。が、シャツにまでは手が回らない。脱がなければバレやしない、大丈夫だと送り出す。名士たちが集まったその席で、一人が財布を失《な》くす。全員が順に服を脱いで潔白を証《あか》すが、彼だけは脱げない。結局、犯人だということになり、即席裁判で被告の立場に立たされた彼は、そこで貧しい仲間たちの温情を名調子で語る。最後に燕尾服を脱ぐ。一同無言のうちに、幹事が後ろからそっと服を着せかける。そういった筋書きであった。

このように正義感は、下手にもたれると始末に負えないばかりか、うっかりすると多数に従って人を裁くという理不尽な面をもつ。弱者の側に立たされた者には、一切の抗弁が認められない。正義感という一方的に固定した原理で、すべてが押し切られてしまうからである。

それと軌《き》を一《いつ》にするのが狂信的な使命感だ。これは目的がはっきりとしている分だけ、よけいに人を裁きやすい。いったん走り出すと、まるで反省の気配も感じられないところが、正義感と共通した点だ。集団化して他者を切り捨てるという面では、これ以上のものはないであろう。この団結力のすさまじさは、戦時中の日本の軍部や連合赤軍、オウム真理教教団などがいい例だ。目的達成のためには手段を選ばない。団結を少しでも乱すものがあれば、容赦《ようしゃ》なく排除し尽くす。

そこへいくと、善意のほうがまだましだ。よかれと思いこんで押しつけてくる点では始末に悪いが、正義感や使命感とは違って、他人を裁こうとはしない。また集団化することもない。もし善意が、人を裁いたり、多数を頼んでことを運ぶようであれば、それはもう善意とは言えない。むしろ悪意と呼んだほうが当たっている。

話を元へ戻そう。正義感の問題点はすでに挙げた。安全な立場に身を置くことから生じる自分自身の絶対化、自分には非の打ちどころがないという思いこみと無反省、ひるがえって簡単に人を裁く姿勢、加えて集団化への傾斜の危険、といったところであった。こうした傾向の基盤にあるものは何か。思うにそれは、正しいとか正しくないとかを一面的に割り切って、単純に右と左に分けてしまうきめつけの姿勢である。その単純さは、善玉悪玉のはっきりしている西部劇の発想とたいして変わりがない。そのように固定した頭では、人の心の微妙さや、人生の機微を読みとることもおぼつかない。

◇ユダヤ人特有の「バランス感覚」

ユダヤ系アメリカ人作家バーナード・マラマッドの作品に、『アシスタント』と題する小説がある。

主人公のフランク青年が、友人にさそわれて小さな食料品店に押しこみ強盗を働く。そのおり相棒が、店主モリスの頭に傷を負わせてしまう。店は閉店寸前にまで追いこまれる。自責の念にかられたフランクは、自身が強盗の片割れであることを隠したまま、無給に近い住み込み店員《アシスタント》として、モリスの店で働くことになる。モリスは六十歳のユダヤ人、傷の回復の具合ははかばかしくなく、フランクは骨身を惜しまずよく主人を助ける。

こうしてストーリーは展開するのだが、小説の中頃にポテトの皮をむきながら交わされる二人の会話が出てくる。話題はユダヤ教の飲食律（食物の種類、屠畜、調理についての細則。合法的な食物はカシェル kasher と呼ばれる）にはじまって、ユダヤ人とはいったいどういうものか、なぜあんなに苦しむのかという点に絞られてきたところである。

フランクは言った。「とにかく、ぼくのわからないのはね、モリス、どうしてユダヤ人がこんなに苦しむのかという点なんだ。なんだか、ユダヤ人は苦しむのが好きみたいだけど、そうじゃないかな？」

「あんたは苦しむのが好きかね？　彼らはね、ユダヤ人であるがために苦しむのだよ」

「問題はそこなんだ。ユダヤ人はその必要がない時でさえ苦しんでいるみたいなんだ」

「生きているかぎり、人間は苦しむものだよ。ある人々は他人よりもよけいに苦しむが、それも苦しむのを欲しているからではない。ただわしが考えるには、もしユダヤ人が律法を守る苦しみに耐えられないようなら、なに一つ耐えられないということだ」

「モリス、あんたはなんのために耐え忍んでいるの？」とフランクは言った。

「わしは君のために耐え忍んでいるのさ」とモリスは静かな口調で言った。

フランクはテーブルに庖丁を置いた。驚いたように口を大きくあけ、「それ、どういう意味だい？」

「言いかえると、君がわしのために苦しみに耐えているということだ」

店員はわからぬままに黙っていた。（加島祥造訳、傍点筆者）

苦しみというものは、一方通行の道路のように普通には考えられている。苦しめる側の人間と、一方的に苦しむ立場に置かれた人間とがいて、苦しめる側はもっぱら相手を苦しめるだけ、苦しむほうはただじっと苦しみを耐え忍ぶばかり。双方の役割分担が対照的にはっきり決まっている、と常識的には受けとられやすい。しかしここで作者は、ユダヤの老人の口を通して、そうではないのだとわれわれに呼びかけている。

モリス老人がフランク青年のために苦しんでいる。どういうことなのか、それはフランク自身がモリスのために苦しんでいることなのだ——とマラマッドは言う。

他人を苦しめた場合、それだけで終わりということは少ない。相手が苦しんだ分だけ、苦しみを与えたほうも苦しむ。相手の痛みがじわじわと自分にも伝わってきて、何らかの痛みが自分の中にも生じるからだ。自分のせいで苦しみを与えてしまった、人はこの種の意識から完全に逃れることはできない。できるとすれば、それは無理な思いこみや見せかけにすぎない。

このことは、当然逆の立場にもあてはまる。苦しむ側が、自分のほうだけ苦しんでいると思うのはまだ考えが足りない。自分だけが苦しんだ、まさにそのことによって、その時点から相手の苦しみもはじまる。一方的な被害者意識から脱《ぬ》け出すには、これを敏感に察知できるかどうかが決め手となるのだ。苦しみを相互的なものとして位置づける発想、マラマッドが老人の口を通して語らせている意図も、この点にわれわれの注目を促したいということであろう。

対人関係における人間の行動を、振り子運動として両面からとらえようとする姿勢、これが何度も言うように、相互性を大事にするユダヤ式発想の特色である。型にはまった正義感に欠けているものは何か、それはほかでもない、この相互性の認識なのだ。ものごとの是非について、安直に線を引きたがる人間の傾きに目をとめて、今述べたような角度から検討し直してみる必要があるのではなかろうか。

◇本当の温かさは行動でしか示せない

米軍の空襲が激しくなった頃、両親は当時小学六年生だったわたしを、神奈川県にある修道院の施設に疎開させた。父と兄が背中にふとんを一枚ずつ背負い、わたしは学用品の入ったカバンを下げて、品川駅から列車に乗りこんだ。わたしにとっては、生まれて初めて家を離れる経験であった。

その施設の住人は、わたしと同じような学童が男女あわせて三十名あまり、かたちとしては縁故疎開であったものの、実際には集団疎開と同様の生活を送っていた。戦争も末期に入って全国的な食料不足のおり、わずかな配給に頼るしかないこの種の施設で、台所をあずかった修道女のかたがたの苦労は、並大抵のものではなかったに違いない。さつま芋や高粱粥《こうりやん》などが、不足分の補いというよりは主食として食堂に並ぶことが多かった。年中空《す》きっ腹をかかえていたわれわれ悪童どもは、通学の往き帰り、畑の麦の穂やそら豆のさやをもぎとっては、生のまま口に入れて飢えをしのいだものである。

この施設で働いている人の中に、I先生とみんなから呼ばれている人があった。長身で色白、顔立ちの整った女性で、主としてわれわれの身の回りの世話を担当していた。しらみと空腹に苦しむ集団生活、ともすればとげとげしくなりがちな中で、I先生はいつも微笑《ほほえ》みを絶やさない人であった。子どもの一人がどんぶりをひっくりかえして、なけなしの雑炊を床にこぼしてしまった時、そっとその子のどんぶりを自分のものと取り替える、そういうような人であった。

ある雨の午後、前の晩からひどい下痢に見舞われていたわたしは、下校の帰り道、こらえきれずに歩きながら粗相をしてしまった。寮に戻ってこっそりパンツを脱いでみると、それはもう大変な汚れである。洗い落とすという気力を失ったわたしは、戸棚の中の自分のカバンの陰に、その下着をそのまま丸めて隠したのだった。

次の日の午後、どうにも気になって落ち着けない自分をもて余したわたしは、皆より一足先に下校した。寮の玄関を入り、部屋の前まできた時、問題の戸棚を開けている人影に気づいてハッとなった。それはI先生だったのである。

彼女は汚れた下着を手に持つと、足音をしのばせるようにしてその場を立ち去った。階段の陰に身をひそめたわたしの目には、先生の白いブラウスの背中が、その時の恥ずかしさや申しわけなさと入り混じって、今もくっきりと浮かんでくる。数日後、きれいに洗濯された下着が、もとの場所に黙って置かれていたのであった。

はっきりと口に出して、お詫《わ》びとお礼を言わなくてはいけない、何度自分にそう言いきかせたことだろう。けれども意気地《いくじ》のないわたしには、その勇気が出なかった。

I先生はこの件について、その後それらしい素振りは何一つ見せなかったのである。汚した下着を洗わずに戸棚にしまう、集団生活では赦《ゆる》しがたい行為であり、全員の気分や健康を害しかねない。ことに規律という点で、このような行為を不問にしたりすれば、それこそ示しがつかなくなる。指導者としては、皆がやっていいことと悪いことのけじめをつけさせるのに、またとない機会であるはずだ。

だがI先生は、なぜかそうしなかった。わたしを裁こうともしなかった。ただ一つの沈黙を、わたしの意識の中に植えつけた。その沈黙が今もなお、心の奥のほうで何かをささやいているような気がしてならない。

この「切り替え」の早さを見よ！

◇「今」をとことん大切にするユダヤの知恵

正義感から生まれるものは、どうころんでも裁きである。自分が正しいと思いこんでいる者ほど、平気で他人に石を投げるのだ。少なくとも、ほかの者よりはその可能性が高い。この種の正義感だけはもたせたくない、そう考えて子どもたちに言ったのが、「けじめをつけるな」ということであった。

生活を規則正しくさせるためには、きちんとけじめをつけさせることが有効であろう。親や教師など、集団を管理する立場の者にとっては、そのほうが都合がいいのに決まっている。それは確かだ。しかし、いくら有効であるからといって、それによって失われるものが逆に大きいとすれば、そのことのほうが問題なのだ。

ダビデが策略をもって部下から奪ったバテシバは、その後男児を出産する。ダビデの所業を怒った神は、罰としてその子を重い病いの床につかせた。ダビデは子のために部屋に引きこもり、食を断って七日七夜の間地に伏して祈る。そのかいもなく、その子は死ぬ。するとダビデは起き上がり、入浴して着替えたあと、盛んに飲み食いをはじめる。

打って変わった王の態度に、家来たちは驚いて非難を浴びせる。そこでダビデは答えて言う。

「子が死んだ今、どうして断食する必要があるのか。いくら悲しんだところで彼は帰ってはこない。オレはいずれ子のところに行くだろうが、奴はオレのところに戻ってはこないんだよ」（サムエル記下12章23）

これは2章で紹介した話の後日談だが、ここでダビデのとった態度にはなかなかの味がある。息子よ死ぬなと、それこそなりふりかまわずじたばたもがく。ところが死んだという報《しら》せを受けると、それまでのことがうそのように態度をそっくり変えてしまう。その飲み食いの陽気さは、周囲のひんしゅくを買うほど度が過ぎていた。このけじめのなさ、切り替えの早さ、これがユダヤ式だとわたしは受けとめている。

ちなみにヘブライ語では、「今」という語がatah（アター／時に向かって）ということばで表現されている。ユダヤ人の時間の観念は、われわれ日本人とはだいぶ違うようだ。彼らの感覚によると、時は人間の外にある客観的な物差しではなく、自分のうちにある固有の時間としてとらえられる。そのためたんにet（エート／時間）としないで、iti（イティー／わたしの時）ということばで表わすことが多い。時間はまさに自分だけのものとして、伸縮自在なのだ。

固定した規則正しいプロセスに置いて人を見るのは危険である。子どもが死んだからといって、本人に沈痛な顔を要求するのは、人をただ機械的に法則の中に押しこめているだけなのだ。けじめをつけたがる人ほど、ふしぎとこの傾向が強い。

だが元来、人間はそういうプロセスとは無縁なのだ。初めから法則の外にあるのだ。突如としてそのエネルギーを爆発させたかと思うと、一瞬にして静止の状態に戻ったりする。あらゆる意味で普遍化できない、つねに例外的な存在なのだ。この点で一般論は、一人の人間を理解するためには意味がない。

ダビデのふるまいを理解できなかった側近の連中も、このような法則的な頭しかもち合わせていなかった。われわれもうっかりするとこの伝に陥りやすい。決まったプロセスとしてはとらえることのできない「今」を、大切にしたいものだ。

◇物ごとのけじめにこだわりすぎない〝柔軟発想〟!

けじめというものは、本来は自分自身に関して求むべき事柄である。他人に要求すべきものではない。ところが、往々にして人は他者にこれを要求する。ここがすでに、方向の誤りなのだ。また一方的に割り切るというけじめのもつ基本姿勢から、よい悪いにはっきりと一線を画し、やがて問題の裁きへと移行していく。これでは元も子もない。

けじめなど、自然に身につくものだけで十分なのだ。角を矯《た》めて牛を殺すくらいなら、下手にもたないほうがいい。それよりは、これまで繰り返し述べてきたように、相互性に基づく両面感覚を育てる方向に目を向けたい。

けじめをつけないことの目標の一つは、ものごとの判定に安易な線を引かないようにすることにある。自分の判断を一応はよしとみたうえで、「もしかしたら間違っているかもしれない」という可能性をつねに残し得るゆとりなのだ。このゆとりさえ保てるならば、ほかのことはどうにでもなるとわたしは考える。

もう一つは、《犯人さがし》とちょうど逆の方向で、自分の取り分をさがすことにある。人は不都合な状況から、本能的に逃げ出そうとするものだ。事態が悪化してくると、素早く責任回避にこれ努める。あの会議の決定には自分は反対だったのだ、などと廊下に出てから口ばしる。そういう逃げの姿勢から、生まれるものは何もない。大事なことは、まず己《おの》れの取り分をさがすことだ。自分は無関係だなどという小汚い線は取り払って、どこかに自分とのかかわりはないものかと、自身に問うてみることである。

「お父さん、申しわけございません。ナオ子ちゃんの額にこんな怪我をさせて……」

玄関口で土下座せんばかりの、担任の先生のせりふだ。小学校で体育の授業中、先生が目を離しているすきに、一人の生徒が自分の額を負傷し、かなりの出血をみた。頭を包帯でぐるぐる巻きにして帰宅、それを追うようにして先生が謝罪にみえたといういきさつである。

「どうかご心配なく。娘が勝手に走って、自分でぶつかったのですから――」と父親。

「でも体育の授業中だったのです。監督していたのは担任の私です」

「いや、先生に責任はありません。一人で全員に注意できるはずがないでしょう。わざわざおいでいただいて恐縮です。どうぞクラスへお戻りください――」

先生は父親の顔をしげしげと見て、「こういうふうに言われたご父兄は初めてです」とふしぎそうにつぶやいた。

この父親は実はわたしのことなのだが、そういう親は初めてだと言われて、いささか気が重くなってきた。家庭と学校の間にきっちりとした線を引いて、学校で起こったことはすべて学校側の責任、とでも思っている親が多いのだろうか。わたしに言わせると、自分の子どもの取り分がわからないようでは、親としての自覚が足りなさすぎる。それと同時に、自分の取り分にも鈍感なのではあるまいか。

けじめをつけるなという意味は、つまるところ相手にけじめをつけないということに尽きる。相手側の不備な点に関しては黙して語らず、自分のほうは白黒のはっきりしない部分を残して立つことにあるのだ。

「善人なおもて往生をとぐ。いわんや悪人をや」と親鸞《しんらん》は言った。善人が救われるとすれば、まして悪人が救われないはずはない、ととられがちだ。が、この句の真意はもっと先にある。善人とか悪人とかいうものはない、たんに人間がいるだけだ、と親鸞は言いたかったのだ。

明暗のけじめをつけすぎると、人生そのものがわからなくなる。人間、一寸先は闇なのだ。光と闇の間、明暗いずれとも分かちがたいあたり、そこのところのニュアンスにもっと敏感でありたいものである。

10章

こんな「常識」には従うな！

「わかりきったこと」と思いこむ危うさ

◇その〝常識〟に根拠はあるか?

《常識》ということばは、一般にどう理解されているのだろうか。手近な辞書を開いてみると、「健全な社会人が共通に持つ一般的知識や判断力。専門的知識に対していう」(新潮国語辞典)とある。ここに定義された内容を分析することによって、一般の解釈がおおよそわかろうというものだ。

常識はまず「知識」、ないしは「判断力」であって、同時に専門的なものではないという但し書きがついている。つまり、特別な研究などをしなくとも、自然に身についてくる知識を指すことがわかる。しかし、その内容がいかなるものかについては、まったく触れられていない。わずかに「一般的」とあるだけでは、何のことなのかわからない。

次に「健全な社会人」のもつものだそうだが、何をもって健全と言うのか、厳密に考えるとあまりはっきりとはしない。また「共通にもつ」ということから、全員か少なくとも大多数の者が、同じようにもっているという状況はわかる。ただしなぜ共通なのか、その理由や根拠は問題にされていない。たんに共通していると言うまでである。

こうして見ると、常識というのはわかっているようで、その実さっぱり正体のつかめないものであるようだ。人間が、ある特定の地域社会の中で、長い間の日常経験から導き出した生活の知恵、とでも言うほかはない。同一の場の共有というただそれだけの条件の下に、つねに妥当な前提として幅をきかせる。だれにもわかりきった自明のこととして、安易に無反省に利用されていく。やがてこれが固定観念となって定着する、その程度のものなのだ。

のっけから自明のこととされる、はたしてそれは本当に自明なのだろうか。またわかりきったものとは、そもそも何であるのか。

常識のこの部分を問い直す姿勢が、この本で取り上げた諸問題にも共通する大事な点なのである。無条件で前提にされるものほど危ないものはない。ものごとは、とくにことばは、その源にさかのぼって確かめてみる必要があるのだ。

常識のことを英語で common sense と言う。直訳すれば「共通した感覚」となる。社会の成員が共通にもつ判断力という意味で使われるのはご存知のとおり、日本語の常識の場合とさして変わりはない。だがこのことばには、現在では忘れ去られた別の意味がある。それは、人々に共通するということではなくて、五感に共通して作動する知覚能力という意味合いなのだ。

◇この「ふるい」から漏れたものは無視していい！

そもそもこのことばの語源は、アリストテレスが『霊魂について』という本の第三巻で説いた《共通感覚》——sensus communis センスス・コンムーニス、*κοινὴ αἴσθησις* コイネー・アイステーシス——に由来するものだ。彼の言う共通感覚とは、われわれが五感によってバラバラに得た知識を、一つにまとめてより正確な認識に導く能力を意味する。多少おおざっぱにはなるが、これをできるだけ簡単に説明してみよう。

むこうでだれかがチョコレート色の液体を飲んでいるとする。遠くから目で見ているかぎり、ココアなのか汁粉なのか、よく判別できない。そこでそばまで近寄っていって、鼻でクンクンやってみると、なんだ汁粉かということになる。それでも念のために、横取りして自分の口に含んでみれば、これはもう間違いなく汁粉だと断定できる。単独ではそれほど頼りにならない人間の五感でも、このように視・嗅・味覚と三つ重ねにしてやると、事実を正確に容易に読みとれることになるわけだ。

そこでこの例の場合、視・嗅・味覚の三者に共通にはかって、それぞれバラバラに得た情報を統合して一つに組み立てる感覚、これがセンスス・コンムーニス（共通感覚）なのである。共通感覚は自分専用の感覚器官をもたない。聴覚には耳、味覚には舌というように、人間の五感にはそれぞれ固有の器官が備わっているが、共通感覚にはそのようなものはない。認識にかかわる全領域にわたって、広く自由に活動する感覚なのだ。サッカーの試合にたとえると、さしずめ自分の定位置をもたず、自由に動きまわって守備からゲームの組み立て、おまけに攻撃にまで参加するような役割と言ったらいいだろう。

共通感覚の働く過程を整理してみると、次の四つの段階として理解される。

1　五感をフルに活用して協力させ合う
2　それらを統合して、事実をより正確に把握する
3　同時に内面における意識の統一をはかる
4　形、量、数、動と静など、対象のもつ相対関係をも必要に応じて知覚する

アリストテレスの言うセンスス・コンムーニスは、ざっと以上のような内容のものだ。常識のもともとの意味は、実はこれだったのだ。現在一般に理解されている概念規定と比べると、かなり隔たった意味であることがおわかりいただけよう。とくに異なっていると思われる点は、《共通》という語の使われ方が人々に共通するという意味ではなく、各五感に共通するという内容であること。さらに社会や集団においての問題ではなく、完全に個人の内面においての働きを指していることである。

常識について何かを論じる場合には、このもともとの意味、個人の内面の能力という点に注目すべきだとわたしは考える。たんに社会的集団的な概念規定でものを言うのは、常識の本筋を外しかねない。もちろんある集団の常識成立の過程では、個人の

内面の判断をもとにして、そこから徐々に積み上げてきたという面もあろう。結局は同じことではないのか、と言う向きもあろう。だがそれは早計である。

すでにできあがった固定観念として君臨し、上のほうから個人の判断に大きく影響を及ぼすものと、個人の内面で丹念に問い直され、一つひとつ自分のものとして着実に身につけていくものとでは、本質的にわけが違う。たとえ結果が同じ方向に向いていたとしても、それにはたいした意味はない。そこに至るプロセスこそ問題なのだ。

とくに日本のように、常識が無条件で最重要視されがちな国においては、この角度からの問い直しが必要ではないだろうか。3章でも触れたように、「他人に迷惑をかけるな」という常識が、あたかも絶対者のような顔をして納まりかえっている世界である。これが何の反省もなしに、善悪の規準として幅をきかす現状を思うと、なおのことそう考えざるを得ない。各人の意識の変革と、新しい視点の導入が望まれるのだ。

「常識の限界」から抜け出すこんな方法がある!

◇たとえば、時代や場所が変わったらどうなるか?

常識の語義を取り上げたついでに、いわゆる常識のどうにも及ばない限界について、簡単に触れておきたい。それは大きく分けて二つ考えられる。まずは当然のことながら、《時間的・空間的限界》ということである。

「お母さん、結婚する前にお父さんよりも好きな人いたの?」と少年のわたし。

「それがいたんだよ、帝大の学生さんでね」と母はやや相好を崩して座り直した。日本橋生まれの老母は、その頃駒込に住んでいたが、名を香山琴といった。一ツ橋の職業学校からの帰り道、その男とすれ違ったおり、たもとが急に重くなった。家に戻り取り出してみると、これが墨痕《ぼっこん》あざやかな毛筆の文、思いを綴った末尾に和歌一首、「聞くたびに千々に乱る、わが心、香るが山に響く琴の音」とあったそうだ。だがこの出来事はあくまでも自分の心の中だけのこと、結局のところは顔もろくに知らない親の決めた相手との縁組に、心ならずも従ったということである。それが明治の女にとっては当たり前というのだから、今とは比べものにならない。これが常識の時間的限界というものだ。

場所的な限界となると、これ以上に大きな落差が生じる。ことばの意味やアクセントが地方によって異なるように、常識もまた地域によって変化する。外国ともなれば、その差はなおのこと激しい。初めてエルサレムに旅行した際、嘆きの壁の前でラビに挨拶しようとして、何げなく帽子を脱いだ。とたんに、まわりのユダヤ人たちから一斉に非難の声があがった。帽子をかぶれ、としきりに手真似で合図をしている。聖なる場所や貴人の前では、頭部を覆うことが彼らの習慣なのだ。あわてて帽子をかぶりなおすと、安心したように皆もとのなごやかな顔に戻った。

このように常識は、ある一定の時代、限られた地域内でのみ有効となる。世代が異なり、住む場所が違うだけで、即座に逆転することもある。だがこの点は限界ではあっても、それだけで常識が悪いものとは言えない。それは常識自体が、最初から時空の限界を土台として成立しているからだ。そこからむやみにはみ出したりしないかぎり、人間の認識を混乱に導くようなことにはならない。

◇「皆がやる」ことはやらなくていい！

問題となるのはもう一つの限界、すなわち《個別性の無視》という点である。いかにすぐれた常識からの結論であっても、一個人のもつ特殊な条件や、その置かれている状況までも判断に加味することはできない。常識というものの性格上、それらはすべて十把《じっぱ》一《ひと》からげに扱わざるを得ない。当然そこから落ちこぼれるさまざまな要素は、無視して通り過ぎるほかはない。どう頑張ってみても、これだけは越えることのできない常識の限界なのだ。

固定観念やきめつけの姿勢というものは、このように個別性を無視した常識の当然の帰結であるが、これに付随して創造性の低下を招来することも忘れるわけにはいかない。常識の枠組みが固まれば固まるほど、人間の創造活動は圧迫されていく。

それはどういうことか。早い話、その人独自の発想が育たないのだ。枠組みが強すぎるため、意見をぶつけて試す場がない。それなら最初から意見などもたないほうがましだ、ということになる。問題に対して正面から疑問を投げかけるのは損だ、自分だけが考えてみてもはじまらない、常識と争ってもしょせんは勝ち目がない、などと思いこむ。このような状態から、自分固有の視点など育とうはずもない。

そこで具体的にはどうしたらよいのか。とりあえず、皆がやることをやらないことだ。ナイターが終了したとたん、スタンドの観客が先を争ってグラウンドになだれこむシーンを一頃はよく目にした。場内アナウンスの呼びかけや整理員の制止にも、ほとんど耳を貸そうとはしない。皆がやっているという意識が、ことを安易に行なわせるのだ。だれ一人とび降りる者がいないところで、自分だけフェンスを越えるならば話は別だ。それはそれで独自の意味がある。だが皆がやっている時は、とにかくやらないことだ。

『トーラー』の一節に、「あなたは多数に従って悪をおこなってはならない」（出エジプト記23章2）とある。多数に従うことが、どんなに人間を無思慮に仕立てるか、説明するまでもないだろう。赤信号は、皆で渡るからこそこわいのである。結果がどう出るかは別にして、皆がやることはともかくやらないでいる姿勢を、試してみてはいかがなものか。

それが常識の限界から抜け出る第一歩であるとわたしは考える。周囲の枠組みで固められている自分の意識を、よくも悪くも揺さぶってみることが人間には必要なのだ。行動をまず起こすこと、そこから新たな思考の糸口が見出されることになろう。

むずかしく考えることは何もない！
――この原理・原則だけでいいのだ

◇必ずあなたを強くする〝ユダヤ流非常識〟のすすめ

イスラエルの集団農場《キブーツ》へ一年余り働きに行っていた卒業生のKが、昨日ヒョッコリとわたしの部屋に訪ねてきた。

「帰国の第一印象は何だね？」

例によって尋ねてみる。

「そうですね、情報が入り過ぎることです。電車に乗っているだけで、週刊誌の広告が目の前にヒラヒラしているでしょう。自分が何もしなくても、情報のほうでドッと押し寄せてくる感じ、とにかくくたびれます」

これが帰国して最初の印象だったとのことである。

世は束ねて情報化時代、その膨大な量と多様さ、変化の速さには、Kならずとも目を見張らざるを得ない。常識自体もこの多様化に押し流され、もともと雑然とした性質のものがさらに複雑になりつつある。これに対処するには、それこそアリストテレスの言う共通感覚《センスス・コンムーニス》によって、バラバラの情報を一つに統合する必要があろう。その辺の常識の意味を、ここであらためて問いなおしてみたわけである。そこで最後になったが、ユダヤ人が常識をどうとらえているかについて触れてみたい。

現代ヘブライ語では常識のことを「ハセケル・ハヤシャル」と言う。ハセケルとは「理解、英知、機知」などの意、ハヤシャルは「真直《まっす》ぐな、正しい、忠実な、公平な」などの意味をもつ。いずれにしても「正しい判断力」を表わすといった内容であろう。用語から見ると、明らかに個人の内面の働きを指しているものと受けとれる。

また「ヒガヨン」という語も常識を指して用いられるが、これは「論理」という意味のことばである。文字どおり、個人が理性を働かせて作り上げる筋道に相当するもの、としていることがわかる。さらにヒガヨンには「黙考」という意味もある。一人座して沈思黙考するというもう一つの意味合い、これが常識に当てはめて使われている点に、どうかご注目いただきたい。常識の果てに沈黙あり——このところがまさしくユダヤ的なのだ。

端的に言って、常識はいかにもそれらしい説明の形をとる。結論を一つだけに固定し、幅も含みもない表現でこれを語る。何度も引き合いに出した「他人に迷惑をかけるな」も、この一つの例である。だが現実の問題として、もっともらしい説明に実質のある効果はほとんど期待できない。

これを現実化するためには、3章で取り上げたように「迷惑をかけろ」と逆の方向づけをすることだ。それによって抽象観念にすぎないものを、具体的な事実として確認させる。そこから実現可能な「迷惑をかけないこと」へと導く。これがこの本のテーマとした《非常識》の方法論なのだ。

常識がはらむ危険性は、安易な固定化、多数を頼んでの絶対化にある。これを避けるには、常識で擁護されている命題に、自分でもちこんだ対立命題をぶっつけて、しばしそこで黙考を促してみることだ。当然二つの命題の間に、ある種の空白が生じる。この空白が重要なのだ。ちょうどパズルでコマの移動を可能にする空間のように、一見不動に見える最初の命題が、この空白によって相対化の可能な方向へと移動しはじめる。この空白こそ、ヒガヨンの語が暗示する沈黙の場所なのである。

ユダヤの古い詩集に「もろもろの天は神の栄光の目録」(詩篇19篇)という一篇がある。この宇宙と大自然とが無限者を表わすという内容のものだが、これを語る手段は《沈黙》であるというのが、この詩の主題となっている。

話すことなく、語ることなく、
その声も聞えないのに、
その響きは全地にあまねく、
その言葉は世界のはてにまで及ぶ。

かつてシナイ砂漠を旅したおりに、はからずもわたしはこの大自然のささやきに接する機会を得ることになった。

砂漠の一日は、光の充満する世界である。東の地平線上に太陽が姿を見せはじめると、砂漠は一個の巨大なオーブンと化してしまう。体内の水分をまたたく間に奪いとる熱気とともに、ギラギラした太陽の光が世界を白一色にぬりつぶす。砂の上に存在するすべてのものが、一瞬にしてその輪郭を失って、地平線の彼方まで白い光の中に呑みこまれてしまう。わずかに黒い毛をした山羊と、黒衣をまとったベドウィン族の婦人の姿が目にとまるだけとなる。その黒いものでさえ、近寄って見ないことには、何であるのかを確認することはむずかしい。炎熱にぼやけた意識の中では、視覚でものを判別するような注意力は、とても働かない状態なのだ。

しかし日が沈むと、世界は一変する。昼間の熱気がうそのように去り、涼風とともに空は文字どおり星の海に変わる。そして砂漠には、深い闇と静寂とが訪れる。そのしじまをぬって、遠くの物音が驚くほどはっきりときこえてくる。動物の鳴き声や薪《まき》のはじける音などが、一つひとつ明瞭に区別されて耳に入ってくる。マッチを擦《す》るようなほんのかすかな音であっても、正確にききとれるからふしぎだ。その音の微妙さに、しみじみと砂漠を感じたものである。砂漠の夜には、音があるのだ。

ユダヤ民族の祖先は、さすらいの遊牧民であった。後に定住生活を送るようにはなったが、彼らの血の中に受け継がれた砂漠性は、考え方のすみずみにまで影響を与えたと言えよう。映画『卒業』の主題歌として知られる〝Sound of Silence〟は、ユダヤ人歌手ポール・サイモンの作詞だが、曲の最後に「預言者の言葉は地下鉄の壁に書かれている」とある。そして「沈黙の音の中にささやかれる」と結ばれる。まさに砂漠の静寂と、その中でこそ感知できる沈黙の音、これがいまだにユダヤ人の感性の中心を占めているのだ。自分の体内に脈打つ民族の血が、サイモンをしてこう歌わせたものであろう。ちなみに「サウンド・オブ・サイレンス」の句は、古い預言者文学にある「静かな細い声」（列王記上19章12）——直訳すると「小さな沈黙の声」——からの連想と見ることができる。

非常識のすすめ——むずかしく考えることは何もない。この《沈黙のささやき》に耳を傾けることである。またそうなるために、意識の統一をはかることなのだ。

人と違ったことを心掛け、らしさとけじめを去り、人と自分とを対等の位置におき、迷惑であることの自覚に立って、恥を恐れずズドンといくことである。これをどうまとめあげるかは、あなたの共通感覚《センスス・コンムーニス》にかかっている。それを自分のものとした時に、常識の巨大な偶像はあなたの視界から遠のき、代わりに沈黙のささやきが魂の砂漠に澄んだ音色を響かせることであろう。

（了）

本書は、小社より刊行された単行本『ユダヤ人 最高の知恵』を、
文庫収録にあたり改筆・再編集のうえ、改題したものです。

前島誠（まえじま・まこと）

1933年、東京生まれ。上智大学文学部哲学科卒業。同大学大学院神学研究科修了。専攻は、西洋哲学・神学。

東京カトリック大司教区司祭を5年務めたのち、玉川大学文学部にて教鞭を執る。初代キリスト教とユダヤ教の比較研究で成果を残し、1999年定年により退職。

現在、ユダヤ教・聖書研究者として、「ヘブライ語聖書」やユダヤの教典「タルムード」の知恵を実践生活に活かす目的で、講演等の活動を続けている。ユダヤ文学にも精通。

著書多数。

知的生きかた文庫

ユダヤ 賢者《けんじゃ》の教《おし》え

著者 前島《まえじま》 誠《まこと》

発行者 押鐘冨士雄

発行所 株式会社三笠書房

郵便番号一〇二—〇〇七二

東京都千代田区飯田橋三—三—一

電話〇三—五二二六—五七三四〈営業部〉

〇三—五二二六—五七三一〈編集部〉

http://www.mikasashobo.co.jp

印刷 誠宏印刷

製本 若林製本工場

ISBN978-4-8379-7716-2 C0130

落丁・乱丁本は当社にてお取替えいたします。

定価・発行日はカバーに表示してあります。

C30032